JOHANNES PAUL II.

DIE SCHWELLE DER HOFFNUNG ÜBERSCHREITEN

Aus dem Italienischen von
Irene Esters

BASTEI LÜBBE

BASTEI-LÜBBE-TASCHENBUCH
Band 60413

Copyright © 1994 by Arnoldo Mondadori, S.p.A., Mailand
Originaltitel: VACARE LA SOGLIA DELLA SPERANZA
Copyright © für die deutsche Ausgabe 1994 by
Hoffmann und Campe Verlag, Hamburg
Lizenzausgabe im Gustav Lübbe Verlag GmbH,
Bergisch Gladbach
Printed in Great Britain, Mai 1996
Einbandgestaltung: Lo Breier/Kai Eichenauer
Satz: hanseatenSatz-bremen, Bremen
Druck und Bindung: Cox & Wyman, Ltd.
ISBN 3-404-60413-3

INHALT

Zu diesem Buch

von Vittorio Messori

Ein Anruf

Kollegen, die beim Fernsehen arbeiten – Journalisten und Textautoren –, schätze ich sehr. Gerade deshalb habe ich trotz wiederholter Aufforderungen auch nie versucht, ihnen ihre Arbeit streitig zu machen. Mir scheint in der Tat, daß den Worten, die den »Rohstoff« unserer Arbeit bilden, mehr Gewicht und Dauerhaftigkeit beschieden sein dürfte, wenn sie der »Beständigkeit« des bedruckten Papiers und nicht der »Ungegenständlichkeit« elektronischer Impulse anvertraut werden.

Wie dem auch sei, jeder ist ein Gefangener seiner eigenen Geschichte: Die meine, soweit sie von Bedeutung ist, ist die eines Menschen, der vor allem Zeitungsredaktionen und Verlage und keine Fernsehstudios mit Kameras, Scheinwerfern und Kulissen kennengelernt hat.

Der Leser darf beruhigt sein: Ich möchte diese Gedanken, die eigentlich auf einer Konferenz über Massenmedien diskutiert werden müßten, hier nicht weiter vertiefen und mich auch nicht über Autobiographisches auslassen. Das bisher Gesagte sollte schon ausreichen, um begreiflich zu machen, wie sehr mich ein Anruf überraschte (ja, in gewisser Weise sogar unangenehm überraschte), der mich Ende Mai 1993 erreichte. Wie jeden Morgen, wenn ich mich in mein Arbeitszimmer begebe, gingen mir Ciceros Worte durch den Kopf: *Si apud bibliothecam hortulum habes, nihil deerit.* Frei übersetzt: Was fehlt dir noch, wenn du ein Arbeitszimmer voller Bücher hast, das auf einen kleinen Garten hinausgeht? Ich hatte damals eine ganz besonders arbeitsintensive Zeit: Soeben hatte ich die Korrekturabzüge eines Buches gelesen und mich in die Endfassung eines anderen vertieft; gleichzeitig aber mußte ich meiner gewohnten journalistischen Tätigkeit nachkommen.

So mangelte es mir nicht an Verpflichtungen. Doch mangelte es mir auch nicht an Dankbarkeit dem gegenüber, der es mir Tag für Tag ermöglichte, in der einsamen Stille dieses Arbeitszimmers am Gardasee meine Arbeit zu verrichten: fern von wichtigen politischen oder kulturellen Einrichtungen – und religiösen dazu. Hatte nicht der höchst unverdächtige, weil Papst Paul VI. sehr nahestehende Jacques Maritain allen, die den Katholizismus weiterhin lieben und ihn sogar verteidigen wollen, einmal empfohlen, die sogenannte »katholische Welt« nur in Maßen zu frequentieren? Und so erreichte mich an jenem Frühlingstag dieser Anruf in meiner abgeschiedenen Zufluchtsstätte ganz unvermutet. Am Apparat war der Generaldirektor der italienischen Fernsehanstalt RAI. Obwohl er infolge früherer Absagen meine geringe Bereitschaft zur Beteiligung an Fernsehproduktionen kannte, wollte er mich darüber informieren, daß man mir in Kürze einen Vorschlag unterbreiten werde, den ich dieses Mal »nicht abschlagen könnte«.

Tatsächlich erhielt ich in den folgenden Tagen andere Anrufe aus Rom. Und schließlich konnte ich mir ein genaueres, allerdings auch etwas beunruhigendes Bild machen: Im Oktober 1993 vollendete Johannes Paul II. das fünfzehnte Jahr seines Pontifikats. Zu diesem Anlaß hatte der Heilige Vater den Vorschlag der RAI für ein Fernsehinterview angenommen. In der über viele Jahrhunderte ereignisreichen Geschichte des Papsttums sollte es das erste Interview überhaupt sein: Noch nie hatte ein Nachfolger Petri vor Fernsehkameras gesessen, um eine Stunde lang auf Fragen zu antworten, die zudem dem Gutdünken des Interviewers überlassen bleiben sollten.

Die Sendung sollte vom Ersten Programm des italienischen Fernsehens am Abend des fünfzehnten Jahrestages und unmittelbar danach von den wichtigsten Fernsehanstalten weltweit ausgestrahlt werden. Man hatte entschieden, daß ich dieses Interview führen sollte, weil ich mich in Büchern und Artikeln seit Jahren mit religiösen Themen beschäftige: aus der Freiheit eines Laien heraus, doch zugleich mit der Solidarität eines Gläubigen, der sich dessen bewußt ist, daß die Kirche nicht nur dem Klerus, sondern allen Getauften anvertraut wurde, wenngleich einem jeden auf der ihm eigenen Ebene und mit der ihm eigenen Aufgabe.

Insbesondere hatte die rege Diskussion um mein 1985 veröffentlichtes Buch *»Bericht über den Glauben«* Aufmerksamkeit erregt. Es war in viele Sprachen übersetzt und in hohen Auflagen verkauft worden und hatte mit seinem pastoralen Anliegen eine, wie betont wurde, positive Wirkung auf die gesamte Kirche. *»Bericht über den Glauben«* war aus einem sich über mehrere Tage hinziehenden Gespräch mit dem engsten theologischen Mitarbeiter des Papstes, Kardinal Joseph Ratzinger, dem Präfekten des früheren Heiligen Offiziums und der heutigen Kongregation für die Glaubenslehre, entstanden. Auch dieses Interview war ein Novum gewesen, etwas in dieser Einrichtung noch nie Dagewesenes. Vor Jahrhunderten schon war das Heilige Offizium zur (nicht selten »schwarzen« und kirchenfeindlichen) Legende geworden, umgeben von Schweigen und Geheimnissen. Diese Tradition war damit erstmals durchbrochen.

Um nun zum Jahr 1993 und zur Vorbereitungsphase dieses Buches zurückzukehren, nur so viel: Es wurde strengste Diskretion gewahrt, vor allem sollte kein Journalist etwas erfahren, zumal auch ein Treffen mit Johannes Paul II. in Castelgandolfo vorgesehen war.

Hier konnte ich mit dem gebührenden Respekt, aber auch uneingeschränkter Freimütigkeit erläutern, an welchen Zielen ich mich beim Entwurf des Fragenkatalogs orientieren wollte, was einige der Anwesenden zu beunruhigen schien (nicht aber den Herrn des Hauses, der offensichtlich eher dankbar war für meine kindliche Offenheit). Und so war der erste Hinweis, der mir mit auf den Weg gegeben wurde: »Machen Sie es, wie Sie es für richtig halten!«

Unvorhergesehenes

Der Papst selbst hatte jedoch nicht berücksichtigt, wie viele Verpflichtungen gerade im September, dem letztmöglichen Zeitpunkt für die Dreharbeiten, auf ihn warteten. Woher also die Zeit nehmen, die es Regisseur und Technikern erlaubte, die Sendung vorzubereiten? Erst jetzt erfuhr ich, daß der Arbeitskalender des Heiligen Vaters für den Monat September sechsunddreißig enggedruckte Computerseiten umfaßte. Es handelte sich um sehr unterschiedliche und wichtige Termine: Neben Reisen in zwei italienische Diözesen (Arezzo und Asti) war der erste Besuch eines japanischen Kaisers bei einem römischen Bischof vorgesehen; außerdem sollte der Papst die baltischen Republiken Lettland,

Litauen und Estland auf dem Gebiet der ehemaligen Sowjetunion besuchen, wozu er sich Grundkenntnisse in den jeweiligen Sprachen aneignen wollte. Dies geboten ihm sein pastoraler Eifer und sein ständiges Anliegen, das Evangelium allen Völkern neu zu verkündigen und verständlich zu machen.

Das Ergebnis war, daß sich zu dieser japanisch-baltischen »Premiere« nicht auch noch eine »Fernsehpremiere« hinzugesellen konnte. Nun war aber die Bereitschaft Johannes Pauls II. so weit gegangen, daß er bereits vier Stunden Dreharbeiten zugestimmt hatte, damit der Regisseur (der bekannte und angesehene Kinoregisseur Pupi Avati) die besten Einstellungen für die Fernsehsendung festlegen konnte. Das alles sollte anschließend in Vervollständigung der pastoralen und katechetischen Absichten des Papstes, die ihn zur Einwilligung in das Projekt bewogen hatten, in einem Buch veröffentlicht werden. Und nun hinderte ihn diese Unmenge Arbeit im letzten Moment daran, sein Vorhaben in die Tat umzusetzen.

Was mich betrifft, so kehrte ich an den Gardasee zurück, um in der Stille meines Arbeitszimmers einmal mehr über die Themen nachzudenken, über die ich mit dem Papst hätte sprechen sollen. Nun eben in aller Ruhe – und nach dem Motto Pascals, dessen Porträt über meinen Schreibtisch wacht: »Kommt nicht alles Ungemach der Menschen aus ihrer Unfähigkeit, ruhig in ihrem Zimmer zu bleiben?«

Ich hatte das Projekt, in das man mich mit einbezogen hatte, nicht gesucht; aber es war gewiß auch kein »Unglück«. Sicher nicht! Dennoch hatte es mir, offen gestanden, einige Schwierigkeiten bereitet.

Als Glaubender fragte ich mich vor allem, ob es richtig war, daß sich ein Papst einem Interview, und noch dazu einem

Fernsehinterview, hatte stellen wollen. Geriet er damit nicht (ungeachtet aller edlen Absichten, aber unwiderruflich) in den unerbittlichen Mechanismus des Mediensystems und damit in die Gefahr, seine Stimme mit dem chaotischen Lärm einer Welt zu vermischen, die alles banalisiert und aus allem ein Spektakel macht, die alles mit gegensätzlichen Meinungen und unerschöpflichem Geschwätz belegt? Ist es denn wirklich angebracht, daß sich auch ein römischer Papst dem »Meiner-Meinung-Nach« des Gesprächs mit einem Interviewer anpassen und die Form des feierlichen »Wir« ablegen sollte, in dem die Stimme des tausendjährigen Geheimnisses der Kirche erklingt?

Dies sind Fragen, die ich nicht nur an mich selbst richtete, sondern auch – mit gebührender Achtung – an die anderen. Abgesehen von diesen und ähnlichen Grundsatzfragen machte ich mir klar, daß meine Kompetenz, die ich in all den Jahren meiner Arbeit im religiösen Informationsdienst erworben hatte, vermutlich nicht ausgereicht haben würde, um meine Unerfahrenheit mit dem Medium Fernsehen auszugleichen, besonders bei einer solchen für einen Journalisten denkbar anspruchsvollen Gelegenheit. Aber auch in diesem Punkt gab es Auffassungen, die den meinen widersprachen.

Kurzum, das TV-Projekt »Fünfzehn Jahre Papsttum« kam nicht zustande. Und es war absehbar, daß, sobald der Jahrestag vorüber war, auch keiner mehr davon reden würde. Ich konnte also an meine Schreibmaschine zurückkehren und mit Zuneigung und Respekt das Wort des Bischofs von Rom weiterverfolgen – wie ich es bisher getan hatte –, über die *Acta Apostolicae Sedis* hinaus.

Eine Überraschung

Es vergingen einige Monate. Eines Tages erhielt ich einen anderen, ebenso vollkommen unerwarteten Anruf: diesmal aus dem Vatikan. Am Apparat war der Direktor des Pressesaales des Heiligen Stuhls, der ebenso tüchtige wie herzlich freundliche, zum Journalismus übergewechselte spanische Psychiater Joaquín Navarro-Valls, der einer der überzeugtesten Befürworter des geplanten Interviews gewesen war. Navarro übermittelte mir eine Nachricht, die, so versicherte er mir, auch ihn überrascht habe. Der Papst ließ mir bestellen: »Obwohl es nicht möglich war, Ihnen persönlich zu antworten, habe ich Ihre Fragen immer noch auf meinem Arbeitstisch liegen. Sie haben mich interessiert, und ich meine, daß sie nicht unbeantwortet bleiben sollten. So habe ich darüber nachgedacht, und seit einiger Zeit beantworte ich sie nach und nach in den wenigen freien Momenten, die mir meine Verpflichtungen lassen, schriftlich. Sie haben mir Fragen gestellt, und in gewisser Weise haben Sie ein Recht darauf, eine Antwort zu erhalten ... Ich bin an der Arbeit und werde sie Ihnen zukommen lassen. Und dann lasse ich Ihnen freie Hand.«

Johannes Paul II. hatte damit seinen Ruf als »Papst der Überraschungen« ein weiteres Mal bestätigt. Er hatte ihn seit seiner Wahl begleitet – ja, diese selbst war schon entgegen allen Voraussagen erfolgt.

Und so empfing ich Ende April 1994 – des Jahres also, in dem ich dies niederschreibe – in meinem Haus Herrn Dr. Navarro-Valls, der aus seinem Aktenkoffer einen großen weißen Umschlag hervorzog. Darin befand sich der mir angekündigte, vom Papst selbst aus einem Guß niedergeschriebene Text. Der Heilige Vater hatte – um der Leidenschaft, mit der er den Text zu Papier gebracht hatte, noch mehr Nachdruck zu verleihen – zahlreiche Punkte mit kräftigen Federzügen unterstrichen: Diese werden, nach Anweisungen des Autors selbst, kursiv hervorgehoben. Ebenso werden die Leerzeilen, die der Papst oftmals zwischen zwei Abschnitten eingezogen hatte, beibehalten.

Diese selbstverständliche Achtung für einen Text, in dem jedes Wort zählt, hat mich auch bei seiner *Herausgabe*, um die ich gebeten wurde, geleitet. So habe ich mich beispielsweise auf die in Klammern gesetzte Übersetzung lateinischer Ausdrücke beschränkt oder auf Verbesserungen an der zuweilen etwas zu hastig vorgenommenen Interpunktion; ferner habe ich Personennamen vervollständigt (z. B. Yves Congar, den der Papst der Kürze wegen nur Congar genannt hatte), auf die Vermeidung von Wortwiederholungen geachtet und einige – ganz seltene – Ungenauigkeiten verbessert, die sich aus der Übersetzung aus dem Polnischen erklärten. Kleinigkeiten also, die den Inhalt in keiner Weise berührt haben.

Die wesentlich schwierigere Aufgabe bestand darin, zusätzliche Fragen dort einzubauen, wo der Text es verlangte. Denn mein ursprünglicher Entwurf, an dem Johannes Paul II. mit so überraschendem Fleiß gearbeitet hatte, umfaßte ja nur zwanzig Fragen. Übrigens zeigte mir die Genauigkeit, mit der er sich daran gehalten hatte, wie ernst er seinen »Chronisten« nahm; sie erschien mir als neuer Beweis – wenn es eines solchen überhaupt bedurft hätte – seiner Demut und seiner hochherzigen Bereitschaft, auch den Stimmen des »gemeinen Volkes« Gehör zu schenken. Keine dieser Fragen ist vom Papst übergangen oder in irgendeiner Weise »passender« gemacht worden.

Trotzdem: Sogar für ein umfangreiches Fernsehinterview

wären das entschieden zu viele Fragen gewesen. Durch die schriftliche Beantwortung hat der Papst ausführlicher darauf eingehen und selbst im Laufe der Antwort neue Probleme aufwerfen können, was allerdings die Einfügung neuer Fragen *ad hoc* verlangte. Ich möchte hier nur ein Beispiel nennen: Die Jugendlichen hatte ich in meinem Fragenkatalog nicht berücksichtigt, und doch hat ihnen Johannes Paul II. als erneute Bestätigung seiner besonderen Liebe schöne Passagen gewidmet.

Wie dem auch sei, der Text der italienischen Fassung wurde vom Autor selbst erneut überprüft und gebilligt. Diese Version liegt den Übersetzungen in die wichtigsten Weltsprachen zugrunde, die gleichzeitig mit der italienischen Originalausgabe dieses Buches publiziert werden. Zur Sicherheit des Lesers muß klargestellt werden, daß die hier zu vernehmende Stimme – in all ihrer Menschlichkeit und all ihrem Ansehen – allein die Stimme des Nachfolgers Petri ist.

Deshalb liegt es auch nahe, nicht so sehr von einem Interview zu sprechen als vielmehr von einem vom Papst geschriebenen Buch, das von einer Reihe von Fragen angeregt wurde. Es wird Aufgabe der Theologen und Exegeten des päpstlichen Lehramtes sein, das Problem der »Klassifizierung« eines Textes zu behandeln, der keine Vorläufer hat und damit in der Kirche neue Perspektiven eröffnet.

Der Titel des Buches stammt von Johannes Paul II. selbst. Er hatte ihn auf den Umschlag geschrieben, der den Text enthielt. Er hatte jedoch darauf hingewiesen, daß es sich nur um einen Vorschlag handle, und ließ somit den Herausgebern die Freiheit, ihn zu ändern. Wir haben uns jedoch entschlossen, ihn so beizubehalten, wie er war, da wir der Meinung sind, daß er den vollen Sinn der Botschaft trifft, die diese Seiten den Menschen unserer Zeit vermitteln.

Was im übrigen die Herausgabe betrifft, die »Arbeit am Text«, so wurde mir von einigen Seiten der Vorschlag unterbreitet, sie mittels massiver Eingriffe mit Kommentaren, Beobachtungen, Erklärungen und Zitaten aus Enzykliken, aus Dokumenten und aus Reden zu begleiten. Ich habe mich jedoch für ein Höchstmaß an Zurückhaltung eingesetzt und mich auf die hier vorliegende Einführung beschränkt: Ich wollte die in ihrer Einfachheit doch so seltsame Entstehungsgeschichte des Textes erklären, ohne die außergewöhnliche Neuheit, die überraschende Spannung und den theologischen Reichtum dieser Seiten durch unangebrachte Einschübe zu stören.

Ich bin mir sicher, daß diese Seiten für sich selber sprechen und ein rein *religiöses* Anliegen haben. Es geht hier um nichts anderes, als mit Hilfe des literarischen Genres »Interview« den Einsatz des Meisters im Glauben, des Apostels des Evangeliums, des Vaters und zugleich universalen Bruders, des Nachfolgers des hl. Petrus zu betonen. Nur die katholischen Christen sehen in ihm den »Stellvertreter Christi«, doch ist sein Zeugnis für die Wahrheit, sein Dienst in der Liebe – heute wie immer – für alle Menschen bestimmt, wofür das wachsende und unbestrittene Ansehen, das der Heilige Stuhl weltweit erworben hat, ein Beweis ist. Es gibt kein Volk, das nach Erlangung seiner Freiheit oder Unabhängigkeit nicht als eine seiner ersten souveränen Handlungen beschlossen hätte, einen Vertreter nach Rom, *ad Petri Sedem*, zu entsenden. Und dies – vor allen politischen Erwägungen – aus einem tiefen Bedürfnis nach spiritueller Legitimation und aus moralischem Anspruch heraus.

Eine Glaubensfrage

Als ich mich dem schwierigen Problem gegenübersah, in freier Entscheidung einen Fragenkatalog zusammenzustellen, beschloß ich, zunächst einmal all jene politischen, soziologischen oder auch »klerikalen« Themen kirchenbürokratischen Charakters wegzulassen, die nahezu die gesamte vorgeblich »religiöse« Information (oder Desinformation) ausmachen, die so viele Medien beschäftigen, und zwar nicht nur die laizistischen. Um noch deutlicher zu machen, was ich meine, möchte ich einige Stellen aus meinen Arbeitsnotizen zitieren, die ich denen vorlegte, die mich in das Projekt einbezogen hatten: »Die Zeit dieser einzigartigen Gelegenheit sollte nicht mit den üblichen, für ›Vatikanologen‹ typischen Fragen vertan werden. Vor allen anderen – etwa der Frage nach dem Vatikan als kleinem und ungewöhnlichem Staat unter den Staaten, vor den zwar wichtigen, jedoch üblichen und aus Reden abgeleiteten und womöglich abweichenden Betrachtungen über Entscheidungen der kirchlichen Institutionen und vor Streitgesprächen über gegensätzliche Moralvorstellungen – rangiert die Frage nach dem Glauben. Es geht um seine Gewißheiten und seine Geheimnisse, um die Krise, von der er bedroht scheint, und um die Möglichkeiten, die ihm heute in Kulturen bleiben, die es als Provokation und Intoleranz empfinden, wenn jemand behauptet, daß es nicht nur Meinungen, sondern immer noch eine großgeschriebene Wahrheit gibt. Es liegt nahe und ist angebracht, die Bereitschaft des Heiligen Vaters zu nutzen, um das Grundproblem anzugehen – das Problem, auf dem alles andere beruht; auch wenn es oft, so scheint es, innerhalb der Kirche selbst nur als nebensächlich behandelt wird, gleichsam als ob man es nicht behandeln wollte oder könnte.«

In meinen Arbeitsnotizen hatte ich dann weiter geschrieben: »Kurz und unmißverständlich gesagt: Das rein klerikale Problem – und ›klerikal‹ ist auch ein gewisser Laizismus: die Frage nach der Einrichtung der vatikanischen Säle etwa, das heißt, ob sie nun ›klassisch‹ (konservativ) oder aber ›modern‹ (progressiv) ist – interessiert hier nicht.

Wir sind auch nicht an einem Papst interessiert, den viele gern zum Präsidenten einer Art Weltagentur für Ethik, Frieden oder Umwelt erheben würden; oder zum Sprachrohr und Garanten des ›politically correct‹ der Konformismen, die jeweils gerade in Mode sind. Vielmehr interessiert uns zu erfahren, ob die Grundlagen des Glaubens, auf denen das Kirchengebäude steht, immer noch fest sind. Denn es besitzt Rechtmäßigkeit und Bedeutung nur dann, wenn es noch auf der Gewißheit der Auferstehung Christi gründet. Es sollte daher gleich zu Beginn des Gespräches das ›skandalumwitterte‹ Rätsel herausgearbeitet werden, für das der Papst als solcher steht. Er ist nämlich nicht nur ein Großer unter den Großen der Erde, sondern der einzige Mensch, in dem andere Menschen eine direkte Verbindung zu Gott sehen: als ›Stellvertreter‹ Jesu Christi, der Zweiten Person der Dreifaltigkeit.

Natürlich kann – oder besser: muß – über das Priestertum für Frauen, über die Seelsorge für Homosexuelle oder Geschiedene, über geopolitische Strategien des Vatikans, über die Stellungnahme von Bischofskonferenzen zur Frage der Einheit der Kirche, über politische Parteien, über soziopolitische Entscheidungen der Gläubigen und über viele andere Fragen diskutiert werden, und zwar gründlich. Aber dies sollte erst dann der Fall sein, wenn man eine (heute häufig sogar in katholischen Kreisen auf den Kopf gestellte) Rangordnung der Dinge wiedergefunden hat, die an die erste

Stelle die einfache und doch erschreckende Frage setzt: Ist das, was Katholiken glauben und wofür der Papst der höchste Bürge ist, *wahr* oder *nicht wahr*? Ist das christliche Credo immer noch ohne Abstriche annehmbar? Oder sollte es in den Hintergrund gerückt werden als eine Art althergebrachte, kulturelle Tradition soziopolitischer Ausrichtung; sollte es als bloße Gedankenschule und nicht mehr als Glaubensgewißheit in einer Perspektive ewigen Lebens gelten? Über moralische Fragen (angefangen beim Gebrauch von Präservativen bis zur Legalisierung der Euthanasie) zu diskutieren – wie dies geschieht –, ohne zuvor das Thema des Glaubens und seine Wahrheit zu behandeln, ist unnütz, ja sogar irreleitend. Wenn Jesus nicht der Christus ist, sind dann das Christentum und seine ethischen Ansprüche überhaupt wichtig für uns?«

Zugegebenermaßen mußte ich nicht insistieren, um zu den von mir formulierten Vorschlägen Zustimmung zu erhalten. Ganz im Gegenteil: Mein Gesprächspartner teilte meine Meinung vorbehaltlos. Und bei unserem Treffen in Castelgandolfo bestätigte er mir – nachdem er mir versichert hatte, die erste Fassung des ihm von mir zugeschickten Fragenkatalogs gelesen zu haben –, daß er das Interview nur deshalb gewähre, weil er das als seine Pflicht als Nachfolger der Apostel betrachte und weil er eine weitere Gelegenheit nutzen wolle, um das *Kerygma*, die umwälzende Nachricht, zu verkünden, auf der aller Glaube beruht: »Jesus ist der Herr; in ihm allein liegt das Heil: heute wie gestern und in Ewigkeit.«

Aus dieser Perspektive muß also die Wahl des literarischen Genres »Interview« gesehen und beurteilt werden, die mich persönlich, soweit dies überhaupt zählt, zunächst perplex gemacht hatte. Johannes Paul II. ist ein Papst, der ungeduldig ist in seinem apostolischen Eifer; ein Hirte, dem die gewohnten Wege nie zu genügen scheinen; der kein Mittel scheut, um den Menschen die Frohe Botschaft zu überbringen; der – dem Evangelium folgend – von den Dächern (die heute voller Fernsehantennen sind) rufen will, daß es Hoffnung gibt, daß diese Hoffnung einen Grund hat und daß sie allen, die sie annehmen wollen, angeboten wird. Und so beurteilt dieser Papst auch das Interview mit einem Journalisten aus der Perspektive, die Paulus in seinem ersten Brief an die Korinther hat erkennen lassen. »Allen bin ich alles geworden, um auf jeden Fall einige zu retten. Alles aber tue ich um des Evangeliums willen, um an seiner Verheißung teilzuhaben« (1 Kor 9,22-23).

Hier bleibt kein Raum für Abstraktheiten: Das Dogma verwandelt sich in Fleisch, Blut und Leben. Der Theologe wird zum Zeugen und zum Hirten.

Don Karol, Priester der Welt

Aus einer solchen »kerygmatischen« Spannung zwischen ursprünglicher Verkündigung und »Neuevangelisierung« sind die folgenden Seiten entstanden. Während der Lektüre dürfte dem Leser klarwerden, warum ich Worte, die an sich schon von solcher Bedeutung und Leidenschaft sind, nicht noch mit unwesentlichen Anmerkungen und Kommentaren versehen wollte. Gerade jene »passion de convaincre«, jene »Leidenschaft, zu überzeugen«, sollte laut Pascal das Kennzeichen eines jeden Christen sein; und dies jedenfalls prägt »diesen Diener der Diener Gottes« ganz besonders stark.

Er ist nicht nur von der Existenz, dem Leben und Wirken des Gottes Jesu Christi überzeugt, sondern dieser Gott ist auch und vor allem Liebe, wohingegen die Aufklärung und der Rationalismus, die sogar eine gewisse Theologie vergiftet haben – ihn selbst aber, Gott sei Dank, nicht einmal berührten –, Gott als den kaltblütigen Großen Baumeister sehen, der vor allem Intellekt ist. Ein Zuruf über allen anderen scheint jeden Menschen erreichen zu wollen: »Wer immer du auch bist, geh davon aus, daß du geliebt wirst! Erinnere dich, daß das Evangelium zur Freude einlädt! Vergiß nicht, daß du einen Vater hast und daß jedes, auch das scheinbar unbedeutendste Leben in seinen Augen ewigen und unendlichen Wert hat!«

Ein erfahrener Theologe – eine der wenigen Personen, die Gelegenheit hatten, diesen Text als Manuskript zu lesen – hat mir gesagt: »Hier hat man unmittelbar, schemenlos und ungefiltert eine Enthüllung des religiösen und intellektuellen Universums von Johannes Paul II., und folglich findet sich hier ein Schlüssel zur Lektüre und Auslegung seines ganzen Lehramtes.« Der nämliche Theologe ging sogar so weit zu sagen: »Nicht nur die zeitgenössischen Kommentatoren, sondern auch künftige Historiker werden nicht umhin können, auf diese Seiten zurückzugreifen, wenn sie das erste polnische Pontifikat verstehen wollen. Da sie in einem Zug hingeschrieben sind – was manch Zaghafter als ›Impulsivität‹ oder gar als großherzige ›Unvorsichtigkeit‹ betrachten könnte –, zeigt sich in ihnen auf außergewöhnlich wirksame Weise nicht nur das Denken, sondern auch das Herz jenes Menschen, dem so viele Enzykliken, Apostolische Schreiben und Ansprachen zu verdanken sind. Hier finden wir die Wurzel für alles: Es ist daher ein Dokument für die Welt von heute, aber auch für die Geschichte.«

Der Leser begegnet auf diesen Seiten einer einzigartigen Mischung aus persönlichem Bekenntnis, geistlichen Überlegungen und Ermahnungen, mystischen Meditationen, Aussagen über Vergangenes und Zukünftiges sowie theologischen und auch philosophischen Spekulationen. Obschon alle Seiten aufmerksam gelesen werden sollten (denn hinter dem vermeintlichen Plauderton verbirgt sich eine überraschende Tiefe), verdienen einige Abschnitte doch besondere Beachtung. Aus unserer Erfahrung des »Im-vorhinein-Lesens« können wir versichern, daß es wirklich der Mühe wert ist, den Text ganz zu lesen. Die Zeit und die Aufmerksamkeit, die darauf verwendet werden, werden reich belohnt. Unter anderem wird man dann merken, daß das Höchstmaß an Öffnung (mutig sind beispielsweise vor allem die Seiten über die Ökumene) immer einhergeht mit einem Höchstmaß an Treue zur Überlieferung. Und daß Johannes Paul II., obwohl er die Arme weit für alle Menschen ausbreitet, in keiner Weise die katholische Identität hintansetzt, deren Bürge und Hüter er vor Christus ist: »Und in keinem anderen ist das Heil zu finden« (vgl. Apg 4,12).

Es ist allseits bekannt, daß der französische Schriftsteller und Journalist André Frossard 1982 seinen Bericht über eine Reihe von Gesprächen mit diesem Papst unter dem Titel *»Fürchtet euch nicht!«* veröffentlicht hat. Diese Aufforderung ist gleichsam zum Programm seines Pontifikats geworden.

Ohne diesem wichtigen und hervorragend strukturierten Buch etwas streitig machen zu wollen, sollte man sich dennoch bewußt sein, daß Karol Wojtyla damals seinen Dienst auf dem Stuhle Petri gerade erst angetreten hatte. Die folgenden Seiten hingegen umfassen die Erfahrungen der gesamten fünfzehn Jahre dieses Pontifikats: Sie sprechen von dem, was in dieser Zeit – man denke nur an den Niedergang des Marxismus! – in seinem Leben, im Leben der Kirche und in der Welt geschehen ist. Das, was nicht nur unverändert geblieben ist, sondern sich sogar vervielfältigt hat – die folgenden Seiten legen davon voll Zeugnis ab –, ist sein Planungsvermögen, seine Hinwendung zur Zukunft – immer wieder spricht er vom »dritten christlichen Jahrtausend« – und seine Fähigkeit, mit dem Elan und der Sicherheit eines Vierzigjährigen nach vorne zu schauen.

Der Dienst Petri

Vor diesem Hintergrund wäre es wünschenswert, daß all jene, die es – außerhalb und auch innerhalb der Kirche – für nötig befunden haben, den »aus der Ferne gekommenen« Papst »restauratorischer Absichten« und der »Reaktion auf die Neuerungen des Konzils« zu bezichtigen, ihre Auffassung endlich überdächten. Wir erfahren hier nämlich ganz im Gegensatz zu solchen Unterstellungen die Bestätigung der providentiellen Rolle jenes II. Vatikanischen Konzils, an dessen Sitzungen (von der ersten bis zur letzten) der damals noch junge Karol Wojtyla mit immer aktiveren und wichtigeren Aufgaben teilgenommen hatte. Aufgrund dieses außergewöhnlichen Ereignisses – und aufgrund dessen, was sich daraus für die Kirche ergeben hat – hat Johannes Paul II. in keiner Weise Anlaß, wie er selbst entschieden erklärt, »Reue zu empfinden«, obschon er auch gewisse Probleme und Schwierigkeiten nicht übersieht.

Auf alle Fälle möchte ich klarstellen, daß angesichts der eindeutig religiösen Perspektiven dieses Buches Schemata wie »rechts/links« oder »konservativ/progressiv« hier fehl am Platz, ja völlig unangemessen und irreführend wären. Das »christliche Heil«, dem mit die leidenschaftlichsten

Seiten gewidmet sind, hat nichts zu tun mit politischer Engstirnigkeit, die leider so oft das einzige Maß vieler Kommentatoren bleibt, weshalb sie – ohne daß sie sich dessen bewußt wären – die tiefe Dynamik der Kirche häufig nicht verstehen. Die Zwänge der ständig wechselnden (aber immer beschränkten) Ideologien sind weit entfernt von der »apokalyptischen« Sichtweise (im etymologischen Sinne von »Offenbarung« oder »Enthüllung« des Vorsehungsplans), die das Lehramt dieses Papstes durchdringt und auch die folgenden Seiten prägt.

Der Leser wird feststellen, daß ich an zahlreichen Stellen nicht gezögert habe, die Rolle eines »Stimulators« oder »Anstifters«, vielleicht sogar eines respektvollen »Herausforderers« zu übernehmen. Dies ist eine nicht immer angenehme und auch nicht leichte Aufgabe. Doch glaube ich, daß sie zu den Pflichten eines jeden Interviewers gehört, der – im Rahmen seiner Grenzen und selbstverständlich unter Wahrung jener christlichen Tugend der Selbstironie, das heißt des Lächelns angesichts der Versuchung, sich selbst zu sehr ernst zu nehmen – versuchen muß, »Mäeutik« walten zu lassen.

Ich hatte übrigens den Eindruck, daß mein Gesprächspartner gerade solche »Provokationen« und keine höflichen Schmeicheleien erwartet hatte, wofür die Lebendigkeit, die Klarheit und die spontane Aufrichtigkeit seiner Antworten ein Beweis sind. Manches darin kam mir vor wie ein liebevoller »Verweis« oder gar eine väterliche »Beanstandung«. Auch hierfür bin ich dankbar, denn es ist ein weiteres Indiz für die Ernsthaftigkeit, mit der die entsprechenden Fragen angenommen wurden. Auf diese Art und Weise schien mir der Heilige Vater zu bestätigen, daß, obschon er jene Fragen und Problemstellungen nicht teilte, sie doch jene vieler

Menschen unserer Zeit sind. Es war daher die Pflicht, daß jemand zum Sprachrohr dieser Art »Nachfrage« werde.

Gewiß: Das, was die Fachleute der Spiritualität »heiligen Neid« nennen (und was als solcher keine »Sünde«, sondern ein wohltuender Ansporn sein kann), habe ich bei einigen Antworten wirklich tief empfunden, die mir gezeigt haben, welch ein Mißverhältnis zwischen uns kleinen Gläubigen, mit unseren alltäglichen, mittelmäßigen Problemen, und diesem Nachfolger Petri besteht: Er, wenn man sich so ausdrücken darf, muß nicht »glauben«; für ihn sind die Inhalte des Glaubens spürbar und offensichtlich. Er braucht daher, obschon er Pascal schätzt (und zitiert), auf keinerlei »Wette« einzugehen oder sich anhand einer »Wahrscheinlichkeitsrechnung« zu versichern.

Daß der in Jesus Christus Mensch gewordene Gott lebt, wirkt und der ganzen Welt seine Liebe verkündet, spürt, berührt und erfährt der Christ Karol Wojtyla wie jeder Mystiker irgendwie, wenn auch nur im Glauben. Das, was für uns ein Problem darstellen kann, ist für ihn eine objektive, unverrückbare Tatsache. Als früherer Philosophieprofessor kennt er den Kampf des menschlichen Geistes, der nach Beweisen für die christliche Wahrheit sucht (mehr noch, diesem Thema widmet er die komprimiertesten Seiten), doch gewinnt man den Eindruck, daß diese Themen für den Heiligen Vater nur die offenkundige Bestätigung einer gegebenen Wirklichkeit sind.

Auch in diesem Sinne schien er mir auf der Linie des Evangeliums zu stehen und den uns von Matthäus überlieferten Worten gerecht zu werden: »Selig bist du, Simon Barjona; denn nicht Fleisch und Blut haben dir das offenbart, sondern mein Vater im Himmel. Ich aber sage dir: Du bist Petrus, und auf diesen Felsen werde ich meine Kirche bauen, und die Mächte der Unterwelt werden sie nicht überwältigen« (Mt 16,17-18).

Ein Stein, ein Fels, an dem man sich in der Stunde der Prüfung, in Augenblicken jenes »Unwetters des Zweifels«, in jenen »dunklen Nächten« festhalten kann, die unseren nicht selten wankelmütigen Glauben reinigen! Ein nicht zögernder Zeuge der Wahrheit des Evangeliums, des *Credo*, des göttlichen Beistandes für die Kirche, einer anderen Welt, in der jedem das Seine gegeben und einem jeden – da dies sein Wille war – die ewige Fülle des Lebens zuteil werden wird. *Dies* ist der Dienst an den Menschen, den Jesus Christus selbst einem Menschen anvertraut und ihn so zu seinem »Stellvertreter« gemacht hat: »Simon, Simon, der Satan hat verlangt, daß man euch wie Weizen sieben darf. Ich aber habe für dich gebetet, daß dein Glaube nicht erlischt. Und wenn du dich wieder bekehrt hast, dann stärke deine Brüder!« (Lk 22,32) Das ist der Dienst, den auch dieser Nachfolger Petri leistet, der nach nahezu zwanzig Jahrhunderten immer noch zu denen zählt, die »Zeugen der Auferstehung« sind und wissen, daß »Jesus aufgenommen wurde in den Himmel« (vgl. Apg 1,22). Und sie sind bereit, es uns mit ihrem eigenen Leben, mit Worten und vor allem mit Taten zu beweisen.

In dieser festen Hand, die er zu unserer Sicherheit ausstreckt, in dieser Bestätigung des »Glanzes der Wahrheit«, liegt vielleicht, so schien mir, das größte Geschenk, das uns mit diesen Seiten gemacht wird.

Dem, der sie als erster gelesen hat, haben sie wohlgetan. Sie haben ihm Ruhe gebracht und ihn zu größerer Kohärenz angespornt, um bessere Schlüsse aus den Grundlagen eines Glaubens zu ziehen, der vielleicht in der Alltäglichkeit des Lebens mehr theoretisiert als praktiziert wird.

Wir bezweifeln nicht, daß sie vielen Gutes tun und damit den einzigen Zweck, der den einzigartigen Interviewpartner bewogen hatte, erfüllen werden. Von seinem Bett im Krankenhaus aus, wo er sich nach seinem schmerzhaften Sturz befand, versicherte Johannes Paul II., daß er einen Teil seines Leids auch den Lesern dieses Textes schenken wolle.

Ist es rein rhetorisch, wenn wir ihm sagen, daß wir ihm auch dafür dankbar sind?

DIE SCHWELLE DER HOFFNUNG

ÜBERSCHREITEN

1

DER PAPST:

»ÄRGERNIS« UND »MYSTERIUM«

*Heiliger Vater, die erste Frage soll zu den Wurzeln zurück-
führen.*

*Ich stehe vor einem weißgekleideten Mann, der ein Kreuz
auf der Brust trägt. Ich kann nicht umhin festzustellen, daß
dieser Mann, den wir Papst nennen (von lateinisch* papa: *
Vater), an sich schon ein Geheimnis, ein Zeichen des Widerspruchs ist. Mehr noch: Nach dem, was viele als gesunden
Menschenverstand bezeichnen, stellt er sogar eine Provokation dar.*

*Tatsächlich hat man sich, wenn man vor einem Papst steht,
zu entscheiden. Das Oberhaupt der katholischen Kirche ist
vom Glauben her als »Stellvertreter Jesu Christi« definiert.
Das heißt, der Papst wird als der Mensch betrachtet, der
auf Erden den Gottessohn repräsentiert und damit die Zweite Person des allmächtigen, dreieinigen Gottes vertritt. Das
sagt jeder Papst von sich. Das glauben die Katholiken.*

*Für viele andere Menschen ist das jedoch ein absurder An-
spruch: Für sie ist der Papst nicht der Stellvertreter Gottes,
sondern der überholte Zeuge alter Mythen und Legenden,
die man heute nicht mehr akzeptieren kann. Deshalb bleibt
im Hinblick auf Sie nur ein Entweder/Oder: Entweder Sie
sind das rätselhafte Zeugnis des lebendigen Gottes oder
aber die Hauptfigur einer tausendjährigen Illusion.*

Wenn es erlaubt ist, so zu fragen: Haben Sie in Ihrer Gewiß-
heit, mit Jesus Christus und daher mit Gott verbunden zu
sein, noch nie gezögert? Kamen Ihnen nie Fragen und Pro-
bleme in bezug auf die Wahrheit des christlichen Credo, das
einen unerhörten Glauben verkündet, dessen höchster irdi-
scher Garant Sie sind?

Ich möchte mit der Erklärung der Wörter und der Begriffe
beginnen. Ihre Frage ist einerseits von einem lebendigen
Glauben und andererseits von einer gewissen Unruhe
durchdrungen. Das muß ich gleich zu Anfang feststellen,
und indem ich es feststelle, muß ich zurückkommen auf die
Aufforderung, wie sie zu Beginn meines Dienstes auf dem
Stuhl Petri erging: »Fürchtet euch nicht!«
Christus hat diese Einladung viele Male an Menschen ge-
richtet, die ihm begegnet sind. Der Engel sprach zu Maria:
»Fürchte dich nicht!« (vgl. Lk 1,30). Ebenso zu Joseph:
»Fürchte dich nicht!« (vgl. Mt 1,20). Christus sagte dies bei
verschiedenen Anlässen, insbesondere nach seiner Auferstehung, zu seinen Aposteln, zu Petrus: »Fürchtet euch
nicht!« Er spürte nämlich, daß sie sich fürchteten. Sie waren
sich nicht sicher, ob derjenige, den sie vor sich sahen, der-
selbe Christus war, den sie kannten. Sie hatten sich gefürch-
tet, als er verhaftet wurde. Und sie fürchteten sich noch
mehr, als er ihnen nach seiner Auferstehung erschien.
Die von Christus verkündeten Worte werden von der Kirche
wiederholt. Und mit der Kirche *werden sie auch vom Papst*
wiederholt. Er hat dies seit der ersten Predigt auf dem Petersplatz getan: »Fürchtet euch nicht!« Es sind keine ins
Leere gesprochenen Worte. Es sind einfach nur die Worte
Christi selbst.

Wovor sollen wir uns nicht fürchten? Wir dürfen *die Wahrheit über uns selbst* nicht fürchten. Diese Wahrheit trat Petrus eines Tages ganz besonders lebhaft vor Augen. Da sagte er zu Jesus: »Herr, geh weg von mir; ich bin ein Sünder« (Lk 5,8).

Ich denke, daß sich nicht nur Petrus dieser Wahrheit bewußt geworden ist. Jeder Mensch erkennt sie. Jeder Nachfolger Petri erkennt sie. Und ganz besonders deutlich ist sie dem geworden, der Ihnen jetzt Antwort auf Ihre Fragen gibt. Wir *alle sind Petrus dankbar* für die Worte, die er an jenem Tag sprach: »Geh weg von mir, Herr, denn ein sündiger Mensch bin ich.« Christus antwortete ihm: »Fürchte dich nicht! Von jetzt an wirst du Menschen fangen« (Lk 5,10). *Fürchte dich nicht vor den Menschen!* Der Mensch bleibt immer gleich. Die Systeme, die er schafft, sind stets unvollkommen, und sie sind um so unvollkommener, je sicherer er sich seiner selbst ist.

Woher kommt dies? Es kommt aus dem Herzen des Menschen. Unser Herz ist unruhig. Christus selbst kennt unsere Furcht besser als alle anderen: »denn er wußte, was im Menschen ist« (vgl. Joh 2,25).

Daher möchte ich mich angesichts Ihrer ersten Frage auf die Worte Christi und zugleich auf meine ersten Worte auf dem Petersplatz berufen: Also, »fürchte dich nicht«, wenn sie dich Stellvertreter Christi, *Heiliger Vater* oder gar *Heiligkeit* nennen oder wenn sie ähnliche Ausdrücke benützen, die dem Evangelium geradezu zu widersprechen scheinen. Denn Christus selbst hat bestätigt: »Auch sollt ihr niemand auf Erden euren Vater nennen; . . . denn nur einer ist euer Vater, der im Himmel. Auch sollt ihr euch nicht Lehrer nennen lassen, denn nur einer ist euer Lehrer, Christus« (Mt 23,9-10). Solche Ausdrücke sind aus einer langen Tradition erwachsen. Sie sind in den allgemeinen Sprachgebrauch eingegangen, und man braucht sich vor ihnen nicht zu fürchten.

Jedesmal, wenn Christus dazu ermuntert, »keine Furcht zu haben«, hat er sowohl Gott als auch den Menschen im Sinn. Er meint: *Fürchtet euch nicht vor Gott*, den die Philosophen den Absolut-Transzendenten nennen. Fürchtet euch nicht vor Gott, sondern ruft ihn gemeinsam mit mir an: »Unser Vater« (Mt 6,9). *Fürchtet euch nicht, »Vater« zu sagen!* Wünscht euch vielmehr, so vollkommen zu sein wie er, denn er ist vollkommen. Ja! »Ihr sollt also vollkommen sein, wie es auch euer himmlischer Vater ist!« (Mt 5,48)

Christus ist *das Sakrament, das sichtbare und berührbare Zeichen des unsichtbaren Gottes*. Das Sakrament schließt Gegenwart ein. Gott ist mit uns. Gott, der unendlich Vollkommene, ist nicht nur mit dem Menschen, sondern er selbst ist in Jesus Christus Mensch geworden. *Fürchtet euch nicht vor dem Gott, der Mensch geworden ist!* Es ist genau das, was Petrus im Gebiet von Cäsarea Philippi gesagt hat: »Du bist der Messias, der Sohn des lebendigen Gottes« (Mt 16,16). Indirekt hat er damit bestätigt: »Du bist der Sohn Gottes, der Mensch geworden ist.« Petrus hatte keine Angst, dies auszusprechen, obschon diese Worte nicht von ihm kamen. Sie kamen vom Vater. »Niemand kennt den Sohn, nur der Vater, und niemand kennt den Vater, nur der Sohn« (vgl. Mt 11,27).

»Selig bist du, Simon Barjona: denn nicht Fleisch und Blut haben dir das offenbart, sondern mein Vater im Himmel« (Mt 16,17). Petrus sprach diese Worte kraft des Heiligen Geistes. Und auch die Kirche spricht sie ohne Unterlaß kraft des Heiligen Geistes.

So hatte Petrus also keine Angst vor dem Gott, der Mensch geworden war. *Dagegen hatte er Angst für den Sohn Gottes als Menschen.* Er vermochte nicht anzunehmen, daß er gegeißelt, mit Dornen gekrönt und schließlich gekreuzigt wurde. Das konnte Petrus nicht annehmen. Davor hatte er Angst. Und deshalb *mahnte ihn Christus* streng. Doch er *verstieß ihn nicht.*

Er verstieß diesen Menschen nicht, der guten Willens und flammenden Herzens war. Diesen Menschen, der in Getsemane seinen Meister sogar mit dem Schwert verteidigt hätte. Jesus sagte ihm nur: »Der Satan hat euch gesucht, und er hat auch dich gesucht. Er hat verlangt, daß er euch wie Weizen sieben darf. Ich aber habe für dich gebetet ... und wenn du dich wieder bekehrt hast, dann stärke deine Brüder« (vgl. Lk 22,31-32).

Christus verstieß Petrus nicht. Er schätzte sein Bekenntnis zu ihm, das er im Gebiet von Cäsarea Philippi ablegte, und führte ihn mit der Kraft des Heiligen Geistes durch sein Leiden hindurch über seine Verleugnung hinweg.

Der Mensch Petrus hat gezeigt, daß er Christus nicht überallhin zu folgen vermochte, vor allem nicht bis in den Tod. Nach der Auferstehung war er jedoch unter den Aposteln der erste, der gemeinsam mit Johannes zur Grabstätte eilte, um festzustellen, daß der Leichnam Christi nicht mehr da war.

Auch nach der Auferstehung bestätigte Jesus dem Apostel Petrus seinen Auftrag. Er sprach zu ihm: »Weide meine Lämmer ... Weide meine Schafe!« (Joh 21,15-16) Doch zuvor fragt er ihn, ob er ihn liebe. Petrus, der Christus verleugnet hatte, aber nicht aufgehört hatte, ihn zu lieben, konnte antworten. »Du weißt, daß ich dich liebe« (Joh 21,15). Doch wiederholt er nicht mehr: »Und wenn ich mit dir sterben müßte – ich werde dich nie verleugnen« (Mt 26,35). *Hier ging es nicht mehr nur um Petrus* und einfach um seine menschlichen Kräfte, sondern nunmehr war es eine Frage des Heiligen Geistes geworden, den Christus dem versprochen hatte, der auf Erden an seine Stelle treten sollte.

Am Pfingsttag sprach Petrus in der Tat als erster zu den versammelten Israeliten und zu allen, die aus den verschiedensten Gegenden zusammengekommen waren: Er erinnerte sie an die Schuld, begangen von jenen, die Jesus gekreuzigt hatten, und versicherte, daß er wahrhaft auferstanden sei. Er rief zur Umkehr und zur Taufe auf. *Christus konnte* daher kraft des Wirkens des Heiligen Geistes *auf Petrus vertrauen* und *auf ihn* wie auf alle anderen Apostel *bauen* – schließlich auch auf Paulus, der die Christen damals noch verfolgte und den Namen Jesus haßte.

Vor diesem geschichtlichen Hintergrund haben Bezeichnungen wie Papst, Eure Heiligkeit und Heiliger Vater eine sehr geringe Bedeutung. Wichtig ist das, was aus dem Tod und aus der Auferstehung Christi hervorgeht und was aus der Kraft des Heiligen Geistes kommt. In dieser Hinsicht wurden Petrus und mit ihm die anderen Apostel und nach seiner Bekehrung auch Paulus *authentische Zeugen Christi, die selbst ihr Blut für ihn vergossen haben.*

Schließlich ist Petrus derjenige, der Christus nicht nur nicht mehr verleugnet und seinen unglückseligen Satz: »Ich kenne den Menschen nicht« (Mt 26,72), nicht mehr wiederholt hat, sondern auch *der, der durchgehalten hat im Glauben bis zum Ende:* »Du bist der Messias, der Sohn des lebendigen Gottes« (Mt 16,16). Auf diese Weise ist er der »Fels« geworden, obwohl er als Mensch vielleicht nur loser Sand war. *Christus selbst ist der Fels*, und Christus baut seine Kirche auf Petrus. Auf Petrus, Paulus und die Apostel. *Die Kirche ist apostolisch* kraft Christi.

Diese Kirche bekennt: »Du bist der Messias, der Sohn des lebendigen Gottes.« Sie bekennt dies durch die Jahrhunderte – gemeinsam mit allen, die ihren Glauben teilen. Gemeinsam mit allen, denen der Vater den Sohn im Heiligen Geist offenbart hat und denen der Sohn im Heiligen Geiste den Vater offenbart hat (vgl. Mt 11,25-27).

Diese Offenbarung ist *endgültig*. Man kann sie nur annehmen oder ablehnen. Man kann sie annehmen, wenn man sich bekennt zu Gott, dem Allmächtigen Vater, dem Schöpfer des Himmels und der Erde, und zu Jesus Christus, dem Sohn, der wesensgleich ist mit dem Vater, und zu dem Heiligen Geist, der der Herr ist und das Leben schenkt. Oder aber man kann all dies ablehnen und mit Nachdruck betonen: »Gott hat keinen Sohn«, oder »Jesus Christus ist nicht der Sohn Gottes, er ist nur einer der Propheten, auf den andere folgen werden, er ist nur ein Mensch.« Sollten wir uns über derlei Einstellungen wundern, nachdem wir wissen, daß selbst Petrus Schwierigkeiten damit gehabt hat? Er glaubte an den Sohn Gottes; dennoch gelang es ihm nicht anzunehmen, daß dieser Gottessohn als Mensch gegeißelt und mit Dornen gekrönt werden könnte und dann am Kreuz sterben müßte.

Oder sollten wir uns darüber wundern, daß es selbst denen, die an den Einen Gott, für den Abraham Zeugnis abgelegt hat, glauben, nicht leichtfällt, den Glauben an einen gekreuzigten Gott anzunehmen? Sie vertreten die Auffassung, daß Gott nur mächtig und groß, vollkommen transzendent und schön in seiner Allmacht, heilig und vom Menschen unerreichbar sein könne. Nur so kann Gott sein! Er kann nicht

Vater und Sohn und Heiliger Geist sein. Er kann nicht Liebe sein, die sich hingibt und die erlaubt, daß man ihn sieht, daß man ihn hört und als Menschen nachahmt, daß man ihn bindet, ihn ohrfeigt, ihn kreuzigt. So kann Gott nicht sein! . . . Und deshalb ist inmitten der großen monotheistischen Tradition dieser *tiefe Riß* entstanden.

In der Kirche – die auf dem Fels gründet, der Christus ist – sind Petrus, die Apostel und deren Nachfolger Zeugen für den in Christus gekreuzigten und auferstandenen Gott. Auf diese Weise sind sie Zeugen für das Leben, das stärker ist als der Tod. Sie sind Zeugen für den Gott, der das Leben schenkt, weil er die Liebe ist (vgl. 1 Joh 4,8). Sie sind Zeugen, weil sie ihn gesehen, gehört und berührt haben mit den Augen, Ohren und Händen von Petrus, Johannes und vielen anderen. Doch Christus hat zu Thomas gesagt: »Selig sind, die nicht sehen und doch glauben« (Joh 20,29).

Sie behaupten zu Recht, daß der *Papst ein Geheimnis* ist. Sie haben auch recht, wenn Sie sagen, daß er ein *Zeichen des Widerspruchs*, eine *Herausforderung* ist. Der alte Simeon sagte über Christus selbst, er »werde ein Zeichen sein, dem widersprochen wird« (vgl. Lk 2,34).

Sie behaupten außerdem, daß man, wenn man an eine solche Wahrheit, wenn man also an den Papst denkt, *vor einer Entscheidung steht*. Für viele ist diese Entscheidung nicht leicht. Doch war sie denn für Petrus selbst leicht? War sie für jeden einzelnen seiner Nachfolger leicht? Und ist sie für den jetzigen Papst leicht? Sich zu entscheiden verlangt Initiative. Christus aber sagt: »Nicht Fleisch und Blut haben dir das offenbart, sondern mein Vater im Himmel« (Mt 16,17). Diese Entscheidung ist somit nicht nur eine Initiative des Menschen, sondern sie ist auch *Handeln Gottes*, der im Menschen wirkt und sich so offenbart. Aufgrund dieses Handelns Gottes kann der Mensch wiederholen: »Du bist der Messias, der Sohn des lebendigen Gottes« (Mt 16,16), und danach kann er das ganze *Credo* sprechen, das die profunde Logik der Offenbarung artikuliert. Der Mensch kann sich auch selbst und den anderen die Folgen in Erinnerung rufen, die sich aus dieser Logik des Glaubens ergeben und die durchdrungen sind vom selben *Glanz der Wahrheit.* All dies kann er tun, obschon er weiß, daß er aufgrund all dessen zum »Zeichen des Widerspruchs« wird.

Was bleibt einem solchen Menschen? Nur die Worte, die Jesus selbst zu den Aposteln gesprochen hat: »Wenn sie mich verfolgt haben, werden sie auch euch verfolgen; wenn sie an meinem Wort festgehalten haben, werden sie auch an eurem Wort festhalten« (Joh 15,20). Also: »Fürchtet euch nicht!« *Fürchtet euch nicht vor dem Geheimnis Gottes;* habt keine Angst vor seiner Liebe; *habt keine Angst vor der Schwäche des Menschen und auch nicht vor seiner Größe!* Der Mensch hört nicht auf, groß zu sein, auch nicht in seiner Schwäche. Fürchtet euch nicht, Zeugen für die Würde eines jeden Menschen zu sein, vom Moment seiner Zeugung an bis hin zu seinem Tode!

Nochmals zu den Namen: Der Papst wird auch als »Stellvertreter Christi« bezeichnet. Dieser Titel muß im Gesamtzusammenhang des Evangeliums gesehen werden. Bevor Jesus in den Himmel auffuhr, sprach er zu den Aposteln: »Ich bin bei euch alle Tage bis zum Ende der Welt« (Mt 28,20). Obschon er unsichtbar ist, ist er doch in seiner Kirche persönlich gegenwärtig. Er ist es dank der Taufe und der anderen Sakramente auch in jedem einzelnen Christen. Aus diesem Grund pflegte man bereits zur Zeit der Väter zu sagen: »*Christianus alter Christus*« (der Christ ist ein zweiter Christus), und wollte damit *die Würde des Getauften* und seine Berufung in Christus zur Heiligkeit betonen.

Ganz besonders gegenwärtig ist Christus außerdem in jedem Priester, der *in persona Christi* Eucharistie feiert oder Sakramente spendet.

Aus diesem Blickwinkel heraus nimmt der Ausdruck »Stellvertreter Christi« seine wahre Bedeutung an: Er meint weniger *Würde* als vielmehr *Dienst*. Damit will er die Aufgaben des Papstes in der Kirche unterstreichen, sein *Petrusamt*, das auf das Wohl der Kirche und der Gläubigen ausgerichtet ist. Gregor der Große hatte dies sehr wohl verstanden, als er allen die Funktion des Bischofs von Rom umschreibenden Bezeichnungen jene des *Servus servorum Dei* (Diener der Diener Gottes) vorzog. Im übrigen wird nicht nur dem Papst dieser Titel verliehen. Jeder Bischof ist *Vicarius Christi* in bezug auf die ihm anvertraute Kirche. Der Papst ist es bezüglich der römischen Kirche und durch sie in bezug auf jede Kirche, die Gemeinschaft mit ihr hält: Gemeinschaft im Glauben wie auch institutionelle, kanonische Gemeinschaft. Wenn man nun mit diesem Titel die Würde des Bischofs von Rom bezeichnen will, so darf man sie nicht getrennt sehen von der *Würde des gesamten Bischofskollegiums*, da sie eng mit dieser und auch mit der Würde jedes einzelnen Bischofs, jedes Priesters und eines jeden Getauften verbunden ist.

Und wie hoch ist erst die Würde der geweihten Frauen und Männer, die aus innerer Berufung die Entscheidung treffen, die bräutliche Dimension der Kirche, der Braut Christi, zu verwirklichen! Christus, Erlöser der Welt und der Menschen, ist der Bräutigam der Kirche und all derer, die in ihr sind: ». . . der Bräutigam ist bei euch« (vgl. Mt 9,15). Eine besondere Aufgabe des Papstes ist es, diese Wahrheit zu bekennen und sie auch auf eine gewisse Weise der Kirche, die in Rom ist, wie der gesamten Kirche, der ganzen Menschheit, der ganzen Welt zu vergegenwärtigen.

So möchte ich, um Ihre im übrigen einem tiefen Glauben entspringenden Befürchtungen einigermaßen zu zerstreuen, die Lektüre des hl. Augustinus empfehlen, der zu sagen pflegte: *»Vobis sum episcopus, vobiscum christianus«* (Für euch bin ich Bischof, mit euch bin ich Christ; vgl. z. B. Sermo 340,1; PL 38,1483). Wenn man gut nachdenkt, so bedeutet es wesentlich mehr, *Christ* zu sein als *Bischof*, selbst dann, wenn es sich um den Bischof von Rom handelt.

2

BETEN: WIE UND WARUM

Gestatten Sie mir nun die Bitte, uns etwas vom Geheimnis Ihres Herzens mitzuteilen. Angesichts der Überzeugung, daß in Ihrer Person – wie in der Person eines jeden Papstes – das Geheimnis lebt, zu dem sich der Christ gläubig bekennt, stellt man sich spontan die Frage, wie Sie dieser menschlich nahezu unerträglichen Belastung standhalten. Kein Mensch auf Erden hat eine Verantwortung wie Sie, nicht einmal die höchsten Repräsentanten jeder anderen Religion: Keiner wird in eine so enge Beziehung zu Gott gestellt. Das gilt auch nach Ihren Präzisierungen über die »Mitverantwortung« jedes Getauften, gemäß seiner Stellung. Heiligkeit, gestatten Sie mir also die Frage: Wie wenden Sie sich an Jesus? Wie sprechen Sie im Gebet mit jenem Christus, der Petrus (und damit über die apostolische Nachfolge auch Ihnen) die »Schlüssel des Himmelreichs« übergeben und damit die Macht verliehen hat, alles »zu binden und zu lösen«?

Sie stellen eine Frage über das Gebet. Sie fragen den Papst, *wie er betet*. Und ich bin Ihnen dankbar dafür. Am besten gehen wir aus von dem, was der hl. Paulus im Brief an die Römer schreibt. Der Apostel begibt sich unmittelbar in *me-*

dias res, wenn er sagt: »*So nimmt sich auch der Geist unserer Schwachheit an.* Denn wir wissen nicht, worum wir in rechter Weise beten sollen; der Geist selber tritt jedoch für uns ein mit Seufzen, das wir nicht in rechte Worte fassen können« (8,26).

Was ist das Gebet? Allgemein meint man, es handle sich um ein Gespräch. In einem Gespräch gibt es immer ein »Ich« und ein »Du«, wobei in diesem Fall das »Du« groß geschrieben wird. Die Erfahrung des Gebets lehrt, daß, obgleich das »Ich« zunächst das wichtigere Element zu sein scheint, in Wirklichkeit das Verhältnis tatsächlich umgekehrt ist: *Wichtiger ist das »Du«, weil unser Gebet von Gott ausgeht.* Genau dies lehrt der hl. Paulus im Brief an die Römer. Dem Apostel zufolge spiegelt das Gebet die gesamte geschaffene Wirklichkeit wider; es hat in einem gewissen Sinn sogar eine *kosmische Funktion*.

Der Mensch ist Priester der gesamten Schöpfung. Er spricht in ihrem Namen, insofern er vom Geist geleitet wird. Über diesen Abschnitt aus dem Römerbrief müßte man lange nachdenken, um in das Wesen des Gebets zutiefst einzudringen. Wir lesen: »Denn die ganze Schöpfung wartet sehnsüchtig auf das Offenbarwerden der Söhne Gottes. Die Schöpfung ist der Vergänglichkeit unterworfen, nicht aus eigenem Willen, sondern durch den, der sie unterworfen hat; aber zugleich gab er ihr Hoffnung. Auch die Schöpfung soll von der Sklaverei und Verlorenheit befreit werden zur Freiheit und Herrlichkeit der Kinder Gottes. Denn wir wissen, daß die gesamte Schöpfung bis zum heutigen Tage seufzt und in Geburtswehen liegt. Aber auch wir, obwohl wir als Erstlingsgabe den Geist haben, seufzen in unserem Herzen und warten darauf, daß wir mit der Erlösung unseres Leibes als Söhne offenbar werden. Denn wir sind gerettet, doch in der Hoffnung« (8,19-24). Und hier begegnen wir den bereits zitierten Worten des Apostels: »So nimmt sich auch der Geist unserer Schwachheit an. Denn wir wissen nicht, worum wir in rechter Weise beten sollen; der Geist selber tritt jedoch für uns ein mit Seufzen, das wir nicht in Worte fassen können« (8,26).

Im Gebet ist Gott somit wirklich die Hauptperson. Hauptperson ist *Christus*, der das Geschöpf ohne Unterlaß aus der Sklaverei der Verdorbenheit befreit und es zum Ruhme der Kinder Gottes in die Freiheit führt. Hauptperson ist der *Heilige Geist*, der »sich unserer Schwachheit annimmt«. Wir beginnen zu beten und haben den Eindruck, daß das Gebet auf unserer Initiative beruht. Es ist aber, wie auch der heilige Apostel Paulus schreibt, eine Initiative Gottes in uns. *Diese Initiative führt uns zurück zu unserer wahren Menschlichkeit, zu unserer besonderen Würde.* Ja, sie führt uns ein in die erhabene Würde der Kinder Gottes – der Kinder Gottes, die die Erwartung der gesamten Schöpfung sind.

Man kann und muß auf unterschiedliche Weise beten, wie uns auch die Bibel an zahlreichen Beispielen lehrt. *Das Buch der Psalmen ist unersetzlich.* Mit »unaussprechlichem« Seufzen müssen wir in den Rhythmus der *flehentlichen Bitten des Geistes selbst* eintreten. Wir müssen flehen, um Vergebung zu erlangen, und in das laute Schreien Christi, des Erlösers, einstimmen (vgl. Hebr 5,7). *Das Gebet ist stets ein opus gloriae* (ein Werk des Ruhmes). Der Mensch ist Priester der Schöpfung. Christus hat ihm diese Würde und diese Berufung bestätigt. Das Geschöpf vollbringt sein *opus gloriae*, um das zu sein, was es ist, und um das zu werden, was es sein soll.

Auch Wissenschaft und Technik dienen gewissermaßen diesem Zweck. Doch können sie, da sie ein Werk des Menschen sind, von diesem Ziel abbringen. Diese Gefahr besteht vor allem in unserer Zivilisation, der es genau deshalb so schwerfällt, eine Zivilisation des Lebens und der Liebe zu sein. Ihr fehlt nämlich gerade dieses *opus gloriae*, das das grundlegende Schicksal eines jeden Geschöpfes und vor allem *des Menschen ist, der geschaffen wurde, um in Christus Priester, Prophet und König aller irdischen Geschöpfe zu werden.*

Über das Gebet ist sehr viel geschrieben worden, und darüber hinaus gehört es zur geschichtlichen Erfahrung des Menschengeschlechts, vor allem Israels und der Christenheit. Der Mensch erlangt die *Fülle des Gebets* nicht, wenn er sich auf bestmögliche Weise äußert, sondern erst, *wenn er zuläßt, daß Gott selbst im Gebet mehr und mehr gegenwärtig wird.* Dies bezeugt die *Geschichte des mystischen Gebets* im Morgenland wie im Abendland: der hl. Franz von Assisi, die hl. Teresa von Avila, der hl. Johannes vom Kreuz, der hl. Ignatius von Loyola und im Morgenland zum Beispiel der hl. Seraphim von Sarow und viele andere.

3

DAS GEBET DES
»STELLVERTRETERS CHRISTI«

Nach diesen zweifellos notwendigen Erläuterungen über das christliche Gebet gestatten Sie mir, zu der vorhergehenden Frage zurückzukehren: Wie – und für wen und wofür – betet der Papst?

Das müßte man den Heiligen Geist fragen! Der Papst betet, *wie es ihm der Heilige Geist gestattet*. Ich denke, daß er im Gebet sich in das in Christus offenbarte Geheimnis vertiefen muß und so das ihm übertragene Amt besser ausüben kann. Und der Heilige Geist steht ihm darin gewiß bei; vorausgesetzt, der Mensch hindert ihn nicht daran. »Der Geist nimmt sich unserer Schwachheit an« (Röm 8,26).

Wofür betet der Papst? Womit wird der innere Raum seines Gebetes ausgefüllt?

Gaudium et spes, luctus et angor hominum huius temporis, Freude und Hoffnung, Trauer und Angst der Menschen von heute (dies sind die Worte, mit denen das letzte Dokument des II. Vatikanischen Konzils, der Pastoralkonstitution über »die Kirche in der Welt von heute«, beginnt) sind Gegenstand des Gebets des Papstes.

Evangelium heißt frohe Botschaft, und die Frohbotschaft ist stets *eine Einladung zur Freude*. Was ist das Evangelium?

Es ist eine *großartige Bejahung der Welt und des Menschen,* denn es ist die Offenbarung der Wahrheit über Gott. *Gott ist die erste Quelle der Freude und der Hoffnung des Menschen.* Ein Gott, der genauso ist, wie Christus ihn uns offenbart hat. Gott ist Schöpfer und Vater; Gott, der die Welt so sehr geliebt hat, »daß er seinen einzigen Sohn hingab, damit jeder, der an ihn glaubt, nicht zugrunde geht, sondern das ewige Leben hat« (Joh 3,16).

Das Evangelium ist zuallererst *Freude an der Schöpfung,* Gott, der sieht, daß seine Schöpfung gut ist (vgl. Gen 1,1-25), ist allen Geschöpfen und vor allem dem Menschen eine Quelle der Freude. Der Schöpfergott scheint allem Geschöpf sagen zu wollen: »*Es ist gut, daß es dich gibt.*« Und diese seine Freude wird vor allem durch die »Frohbotschaft« vermittelt, nach der *das Gute größer ist als alles Böse auf der Welt.* Das Böse ist nämlich weder grundlegend noch endgültig. Auch in diesem Punkt unterscheidet sich das Christentum deutlich von jeder Form von existentiellem Pessimismus.

Die Schöpfung ist dem Menschen als Aufgabe gegeben und anvertraut worden. Sie soll für ihn keine Quelle des Leids, sondern die *Grundlage für ein schöpferisches Dasein in der Welt sein.* Ein Mensch, der an die wesentliche Güte der Geschöpfe glaubt, ist imstande, alle Geheimnisse der Schöpfung zu entdecken, um ohne Unterlaß das ihm von Gott anvertraute Werk zu vervollkommnen. Für den, der die Offenbarung und vor allem das Evangelium annimmt, muß klar sein, daß es besser ist, zu sein als nicht zu sein. Und daher läßt das Evangelium keinen Raum für ein Nirwana, für Apathie oder Resignation. Es ist vielmehr eine große Herausforderung, die Schöpfung – sich selbst *und* die Welt – zu vervollkommnen.

Diese wesentliche Freude an der Schöpfung wird ihrerseits durch die *Freude über das Heil, die Freude über die Erlösung* ergänzt. Das Evangelium ist vor allem anderen Anlaß zu einer großen Freude über die Rettung des Menschen: Der Schöpfer des Menschen ist auch sein Erlöser. Das Heil bekämpft nicht nur das Böse in all seinen auf der Welt bestehenden Ausdrucksformen, sondern verkündet sogar den *Sieg über das Böse.* »Ich habe die Welt besiegt«, sagt Christus (Joh 16,33). Diese Worte finden ihre volle Bestätigung im Ostergeheimnis. Während der Feier der Osternacht singt die Kirche mit großem Eifer: *»O felix culpa, quae talem ac tantum meruit habere Redemptorem!«* (O glückselige Schuld, die uns einen solchen und so großen Erlöser bescherte! *Exsultet*).

Ein Grund unserer Freude ist also, daß wir die Kraft haben, das Böse zu besiegen und die Gottessohnschaft anzunehmen, die das Wesen der Frohbotschaft darstellt. Diese Kraft gibt Gott dem Menschen in Christus. »Denn Gott hat seinen Sohn nicht in die Welt gesandt, damit er die Welt richtet, sondern damit die Welt durch ihn gerettet wird« (Joh 3,17). *Das Werk der Erlösung ist die Erhöhung des Schöpfungswerks auf eine neue Ebene.* Alles Geschaffene ist durchdrungen von einer erlösenden Heiligung, ja von einer Vergöttlichung: als werde es in den Bann des Göttlichen und des innersten Lebens Gottes gezogen. Auf dieser Ebene wird die zerstörerische Kraft der Sünde besiegt. Das unzerstörbare Leben, das sich in der Auferstehung Christi offenbart, »verschlingt« sozusagen den Tod. »Tod, wo ist dein Sieg?« fragt der Apostel Paulus (1 Kor 15,55) im Blick auf den auferstandenen Christus.

Der Papst, Zeuge Christi und Diener der Frohbotschaft, ist

deshalb ein *Mensch der Freude und der Hoffnung, ein Mensch, der den Wert des Daseins, den Wert der Schöpfung und der Hoffnung auf ein künftiges Leben zutiefst bejaht.* Natürlich handelt es sich weder um eine naive Freude noch um eine leere Hoffnung. Die Freude des Siegs über das Böse trübt nicht *das realistische Wissen um die Existenz des Bösen* in der Welt und in jedem Menschen. Sie *verschärft* es vielmehr. Das Evangelium lehrt, wie man das Gute und das Böse beim Namen nennt, doch es lehrt auch, daß »man das Böse mit dem Guten besiegen kann« (Röm 12,21) und muß. Die christliche Moral kommt hier voll zur Geltung. Da sie aber so sehr auf die höchsten Werte ausgerichtet ist und eine derartig universale Bestätigung des Guten mit sich bringt, *muß sie zwangsläufig auch außerordentlich anspruchsvoll* sein. Das Gute ist nämlich nicht einfach, es ist stets jene »enge Straße«, von der Christus im Evangelium spricht (vgl. Mt 7,14). Aus diesem Grund also schließen *die Freude über das Gute* und die *Hoffnung auf seinen Sieg* im Menschen und in der Welt die *Furcht um dieses Gute, um die Vernichtung dieser Hoffnung nicht aus.*

Wie jeder Christ muß sich der Papst der *Gefahren besonders bewußt* sein, denen das Leben des Menschen in der Welt und seine Zukunft in der Zeit, wie auch seine endgültige, ewige und eschatologische Zukunft, ausgesetzt sind. Das Bewußtwerden dieser Gefahren erzeugt jedoch keinen Pessimismus, sondern veranlaßt nur dazu, in jeder Hinsicht für den Sieg des Guten zu kämpfen. Und aus *diesem Kampf um den Sieg des Guten* im Menschen und in der Welt *entsteht das Bedürfnis zu beten.*

Das Gebet des Papstes hat jedoch eine ganz besondere Dimension. *Die Sorge um alle Kirchen* erlegt dem Papst Tag für Tag die Pflicht auf, mit seinem Gebet, seinen Gedanken und seinem Herzen durch die ganze Welt zu »pilgern«. So entsteht eine Art *Geographie des Gebets* des Papstes. Es ist die Geographie der Gemeinschaften, der Kirchen, der Gesellschaften und auch der Probleme, die die Welt von heute bedrücken. In diesem Sinne ist der Papst also zu einem *weltweiten* Gebet aufgerufen, in dem die *sollicitudo omnium Ecclesiarum,* die »Sorge für alle Gemeinden« (2 Kor 11,28), ihm erlaubt, Gott alle Freuden und Hoffnungen und zugleich die Betrübnisse und Sorgen darzulegen, die die Kirche mit der heutigen Menschheit teilt.

Wir könnten auch vom Gebet unserer Zeit, *vom Gebet des 20. Jahrhunderts,* sprechen. Das Jahr 2000 erscheint so als eine Art Herausforderung. Wir müssen unseren Blick hinwenden zur *Unermeßlichkeit des Guten,* das aus dem Geheimnis der Menschwerdung des Wortes hervorgeht, und dürfen ihn gleichzeitig nicht abwenden vom *Geheimnis der Sünde,* die sich ohne Unterlaß ausbreitet. Der hl. Paulus schreibt, daß »da, wo die Sünde mächtig wurde« *(ubi abundavit peccatum),* »die Gnade übergroß geworden ist« (*superabundavit gratia;* Röm 5,20).
Diese tiefe Wahrheit erneuert immer wieder die Herausforderung zum Gebet. Sie zeigt, wie notwendig dieses für die Welt und für die Kirche ist, weil es letzten Endes *die einfachste Weise darstellt, Gott und seine heilbringende Liebe in der Welt gegenwärtig zu machen.* Gott hat den Menschen ihr eigenes Heil, er hat ihnen die Kirche und in der Kirche das gesamte Heilswerk Christi anvertraut. Er hat jedem jeden einzelnen Menschen und zugleich die Gesamtheit der Menschen anvertraut. *Er hat jedem alle und allen jeden anvertraut.* Das Wissen darum muß im Gebet der Kirche und

im Gebet des Papstes in besonderer Weise ein stetes Echo finden.

Wir alle sind »Erben der Verheißung« (Gal 4,28). Christus sagte zu den Aposteln: »Habt Mut: Ich habe die Welt besiegt« (Joh 16,33). Doch er fragte auch: »Wird jedoch der Menschensohn, wenn er kommt, auf der Erde (noch) Glauben vorfinden?« (Lk 18,8) Hieraus entsteht *die missionarische Dimension der Predigt der Kirche und des Papstes.*

Die Kirche betet, damit das Heilswerk durch Christus überall vollendet werde. Sie betet, um sich selbst ohne Unterlaß der Sendung widmen zu können, die sie von Gott als Auftrag erhalten hat. Nach den Worten des II. Vatikanischen Konzils ist diese Sendung für ihr Wesen gewissermaßen sogar entscheidend.

Kirche und Papst beten daher für die Personen, denen diese Mission auf ganz besondere Weise anvertraut werden soll, sie beten für *Berufungen*: nicht nur für Priester- und Ordensberufe, sondern auch für die vielen Berufungen zur Heiligkeit im Volk Gottes, unter den Laien.

Die Kirche betet für *die Leidenden.* Das Leid stellt nämlich nicht nur für die körperlichen, sondern auch für die geistigen Kräfte eine große Prüfung dar. Die paulinische Wahrheit über die »Ergänzung an dem Leiden Christi« (Kol 1,24) ist ein Teil des Evangeliums. Hierin sind die Freude und jene Hoffnung enthalten, die für das Evangelium unerläßlich sind; doch wird der Mensch die Schwelle jener Wahrheit nicht überschreiten, wenn ihn der Heilige Geist nicht dazu veranlaßt. Das *Gebet für die Leidenden und mit ihnen ist daher ein wesentlicher Bestandteil dieses großen Schreis,* in den Kirche und Papst gemeinsam mit Christus einstimmen: Es ist der Schrei um den Sieg des Guten – auch durch das Böse, das Leiden, jedes Unrecht und menschliche Ungerechtigkeit hindurch.

Die Kirche betet schließlich für die Verstorbenen, und dieses Gebet sagt viel über die Wirklichkeit der Kirche selbst aus. Es besagt, daß die Kirche in der *Hoffnung auf ein ewiges Leben* verharrt. Das Gebet für die Verstorbenen ist geradezu ein Kampf mit der Wirklichkeit des Todes und der Zerstörung, die auf dem irdischen Dasein des Menschen lasten. Es ist und bleibt immer eine ganz besondere *Offenbarung der Auferstehung*. In diesem Gebet legt Jesus selbst Zeugnis ab für das Leben und die Unsterblichkeit, zu der Gott jeden Menschen beruft.

Das Gebet ist Suche nach Gott, aber auch *Offenbarung* Gottes. Durch das Gebet offenbart sich Gott als Schöpfer und Vater, als Erlöser und Heiland, als Geist, der alles »ergründet, auch die Tiefen Gottes« (1 Kor 2,10), und besonders die »Geheimnisse der menschlichen Herzen« (Ps 43[44]22). *Durch das Gebet offenbart sich Gott vor allem als Barmherzigkeit,* das heißt als Liebe, die dem leidenden Menschen entgegenkommt, als Liebe, die beisteht, wieder aufrichtet und zu Vertrauen einlädt. Der Sieg des Guten in der Welt ist organisch an diese Wahrheit gebunden. Ein Mensch, der betet, bekennt diese Wahrheit, und in gewissem Sinn macht er Gott, der *barmherzige Liebe* ist, inmitten der Welt gegenwärtig.

4

GIBT ES WIRKLICH EINEN GOTT
IM HIMMEL?

Der Glaube jener katholischen Christen, deren Hirte und Lehrer Sie sind (wenn auch im Namen des einzigen Hirten und Lehrers), hat drei »Stufen«, drei miteinander verbundene »Ebenen«: Gott, Jesus Christus, die Kirche.

Tatsächlich glaubt jeder Christ, daß es Gott gibt. Ebenso glaubt jeder Christ, daß jener Gott nicht nur gesprochen hat, sondern daß er auch in einer geschichtlichen Gestalt zur Zeit des Römischen Reiches menschliches Fleisch angenommen hat: Jesus von Nazareth. Ein Katholik geht jedoch noch einen Schritt weiter: Er glaubt, daß jener Gott, jener Christus, wie in einem »Leib«, um einen Ausdruck aus dem Neuen Testament zu benützen, in der Kirche leben und wirken, deren sichtbares Oberhaupt auf Erden der Bischof von Rom ist.

Sicher, der Glaube ist eine Gabe, eine göttliche Gnade. Doch auch die Vernunft ist eine göttliche Gnade. Nach den alten Schriften der Heiligen und Gelehrten der Kirche »glaubt der Christ, um zu verstehen«; doch ist er auch aufgerufen »zu verstehen, um zu glauben«.

Kehren wir also zum Eingangsgedanken zurück. Heiliger Vater: Wenn der Mensch – zumindest vorerst, so dies möglich ist – seine menschliche Betrachtungsweise beibehalten will, kann er dann (und wie kann er) zur Überzeugung gelangen, daß es Gott wirklich gibt?

53

In Ihrer Frage geht es letztendlich um die von Pascal vorgenommene Unterscheidung zwischen dem Absoluten, das heißt dem *Gott der Philosophen* (der rationalistischen »Libertins«), und dem *Gott Jesu Christi* und vor ihm dem Gott der Patriarchen von Abraham bis Mose. *Nur der zweite ist der lebendige Gott.* Der erste ist Frucht menschlichen Denkens, menschlicher Spekulation, die im übrigen durchaus in der Lage ist, Gültiges über ihn auszusagen, woran auch die Konstitution des Konzils *»Dei Verbum«* (Nr. 3) erinnert hat. Alle Wege der Vernunft folgen letztlich dem vom Buch der Weisheit und vom Brief an die Römer gewiesenen Weg, der von der sichtbaren Welt zum unsichtbaren Absoluten führt. Diesen Weg beschreiten auf je unterschiedliche Weise Aristoteles und Platon. *Die christliche Tradition, die Thomas von Aquin* und auch Augustinus *vorausgeht,* knüpfte eher an Platon an, wollte jedoch auch zu Recht auf Distanz zu ihm gehen. Für die Christen hatte nämlich das philosophische Absolute, das als erstes Sein oder höchstes Gut betrachtet wurde, nicht viel Bedeutung. Warum sollte man philosophische Spekulationen über Gott anstellen, so fragten sie sich, wo doch der lebendige Gott nicht nur durch die Propheten, sondern durch den eigenen Sohn gesprochen hat? *Die Theologie der Väter* entfernt sich damit, vor allem im Orient, immer weiter von Platon und von den Philosophen im allgemeinen. Die Philosophie wird bei ihnen zur Theologie (wie beispielsweise in der heutigen Zeit bei Wladimir Solowjew).

Der hl. Thomas von Aquin hingegen verläßt den Weg der Philosophen nicht. Seine *»Summa Theologiae«* beginnt mit der Frage: *»An Deus sit?«* – »Gibt es Gott?« (vgl. I,q.2,a.3) Es ist die gleiche Frage, die Sie stellen. Und diese Frage hat sich als sehr nützlich erwiesen. Aus dieser Frage ist nicht nur die Theodizee, die philosophische Gotteslehre, hervorgegangen; auch die gesamte abendländische Kultur, die als die höchstentwickelte gilt, *folgte dieser Fragestellung.* Und wenngleich die *»Summa Theologiae«* heutzutage leider wenig Beachtung findet, so hallt doch die Frage, die zu Beginn gestellt wird, weiterhin in unserer Zivilisation nach.

An dieser Stelle ist es nötig, einen ganzen Passus aus der Konstitution *»Gaudium et spes«* des II. Vatikanischen Konzils zu zitieren: »In Wahrheit hängen die Störungen des Gleichgewichts, an denen die moderne Welt leidet, mit jener tieferliegenden Störung des Gleichgewichts zusammen, die im Herzen des Menschen ihren Ursprung hat. Denn im Menschen selbst sind viele widersprüchliche Elemente gegeben. Einerseits erfährt er sich nämlich als Geschöpf vielfältig begrenzt, andererseits empfindet er sich in seinem Verlangen unbegrenzt und berufen zu einem Leben höherer Ordnung. Zwischen vielen Möglichkeiten, die ihn anrufen, muß er dauernd unweigerlich eine Wahl treffen und so auf dieses oder jenes verzichten. Als schwacher Mensch und Sünder tut er oft das, was er nicht will, und was er tun wollte, tut er nicht. So leidet er an einer inneren Zwiespältigkeit, und daraus entstehen viele und schwere Zerwürfnisse auch in der Gesellschaft . . . *Dennoch wächst angesichts der heutigen Weltentwicklung die Zahl derer, die die Grundfragen stellen oder mit neuer Schärfe spüren: Was ist der Mensch?* Was ist der Sinn des Schmerzes, des Bösen, des Todes – alles Dinge, die trotz solchen Fortschritts noch immer weiterbestehen? Wozu diese Siege, wenn sie so teuer erkauft werden mußten? Was kann der Mensch der Gesellschaft geben, was von ihr erwarten? Was kommt nach diesem irdischen Leben? Die Kirche aber glaubt: Christus, der für alle starb und auferstand, schenkt dem Menschen Licht und Kraft durch seinen Geist, damit er seiner höchsten Berufung nachkommen kann. Es ist kein anderer Name unter dem Himmel den Menschen gegeben, in dem sie gerettet werden sollen. Sie *glaubt ferner, daß in ihrem Herrn und Meister der Schlüssel, der Mittelpunkt und das Ziel der ganzen Menschheitsgeschichte gegeben ist*« (GS 10).

Dieser Abschnitt des Konzilstextes ist unermeßlich reichhaltig. Aus ihm ergibt sich eindeutig, *daß die Antwort auf die Frage »Gibt es Gott?« nicht nur eine Angelegenheit des Verstandes ist;* vielmehr handelt es sich um eine Frage, die gleichzeitig die gesamte menschliche Existenz angeht. Sie hängt ab von vielerlei Situationen, in denen der Mensch die Bedeutung und den Sinn der eigenen Existenz sucht. *Die Frage nach der Existenz Gottes ist eng verbunden mit dem Ziel der menschlichen Existenz.* Es ist nicht nur eine Frage des Verstandes, sondern auch eine Frage des menschlichen Willens; oder besser: eine *Frage des menschlichen Herzens* (die *raisons du cœur* von Blaise Pascal). Ich denke, daß man zu Unrecht annimmt, die Position des hl. Thomas von Aquin erschöpfe sich im rationalen Bereich. Man muß vielmehr Étienne Gilson recht geben, wenn er mit dem hl. Thomas sagt, daß der Verstand die wundervollste Schöpfung Gottes sei, was aber keineswegs bedeute, das Feld einem einseitigen Rationalismus zu überlassen. Der hl. Thomas von Aquin ist der Befürworter allen Reichtums und aller Vielschichtigkeit eines jeden Geschöpfes und vor allem des Menschen. Es ist nicht gut, daß seine Gedanken in der nachkonziliaren Zeit hintangestellt wurden, denn er ist immer noch der *Meister des philosophischen und theologischen Universalismus.* In einem ähnlichen Kontext müssen auch seine *quinque viae,* die

fünf Wege, gelesen werden, die zur Antwort auf die Frage
führen: *»An Deus sit?«*

5
»BEWEISE« – IMMER NOCH GÜLTIG?

Gestatten Sie, daß ich hier kurz innehalte. Selbstverständ-
lich zweifle ich keinesfalls den philosophischen und theore-
tischen Wert Ihrer soeben begonnenen Darlegung an. Aber
hat diese Argumentationsweise noch eine Bedeutung für
den heutigen Menschen, der Fragen über Gott, über dessen
Existenz und Wesen stellt?

Ich würde sagen, heute mehr denn je; und sicherlich mehr
als zu Zeiten, die gar nicht so lange zurückliegen. Die *posi-*
tivistische Denkungsart, die im Übergang vom 19. zum 20.
Jahrhundert großes Gewicht erlangt hat, befindet sich heute
in gewisser Hinsicht auf dem Rückzug. Der zeitgenössische
Mensch entdeckt das *Heilige* wieder, wenngleich er es nicht
immer beim Namen nennen kann.
Der Positivismus war weder bloße Philosophie noch reine
Methodologie; er war eine jener *Schulen des Argwohns,* die
in der »modernen« Zeit ihre Blüten getrieben haben. Ist der
Mensch denn tatsächlich in der Lage, mehr zu erkennen als
das, was seine Augen sehen oder seine Ohren hören? Existiert eine andere Wissenschaft als die des rein empirischen
Wissens? Sind die Fähigkeiten er menschlichen Vernunft
ausschließlich den Sinnen unterworfen und innerlich von

den mathematischen Gesetzen bestimmt, die sich als besonders nützlich erwiesen haben, um Phänomene auf rationale
Weise zu ordnen und Prozesse des technischen Fortschritts
zu lenken? Aus positivistischem Blickwinkel ergeben Begriffe wie zum Beispiel *Gott* oder *Seele* selbstverständlich
keinerlei Sinn. Im Bereich der sinnenhaften Erfahrung haben sie keine Entsprechung.

Genau diese Sichtweise befindet sich zur Zeit zumindest in
einigen Bereichen auf dem Rückzug. Dies sehen wir bestätigt, wenn wir die frühen und die späteren Werke von Ludwig Wittgenstein, dem österreichischen Philosophen der ersten Hälfte unseres Jahrhunderts, miteinander vergleichen.

Niemanden überrascht im übrigen die Tatsache, daß die
menschliche Erkenntnis zuallererst sinnliche Erkenntnis ist.
Kein Klassiker der Philosophie, weder Platon noch Aristoteles, hat dies bezweifelt. Der Erkenntnisrealismus, sowohl
der sogenannte naive wie der kritische Realismus, sind sich
darüber einig, daß *nihil est in intellectu, quod prius non fue-
rit in sensu* (nichts im Verstand ist, was nicht vorher im Sinne war). *Dennoch, die Grenzen eines solchen »Sensus« sind
nicht ausschließlich sinnesbedingt.* Wir wissen nämlich,
daß der Mensch nicht nur Farben, Töne oder Formen erfaßt,
sondern auch Gegenstände *in ihrer Ganzheit.* So kennt er
zum Beispiel nicht nur eine Gesamtheit von Eigenschaften,
die den Gegenstand »Mensch« betreffen, sondern er kennt
auch den Menschen an sich (den Menschen als Person). Er
kennt daher *außersinnliche Wahrheiten* oder, mit anderen
Worten, *transempirische* Wahrheiten, wobei man nicht einmal behaupten kann, daß das, was transempirisch ist, auf-
hört, empirisch zu sein.

Auf diese Weise hat man allen Grund, von *menschlicher
Erfahrung,* von *moralischer Erfahrung* oder aber von *reli-*

giöser Erfahrung zu sprechen. Und wenn von solchen Erfahrungen gesprochen werden kann, so wird es schwierig zu verneinen, daß man im Bereich der menschlichen Erfahrungen auch das Gute und das Böse, die Wahrheit und die Schönheit und auch Gott findet. Gott an sich ist gewiß kein Gegenstand der sinnenhaften menschlichen Erfahrung, was auf ihre Weise auch die Heilige Schrift bestätigt: »Niemand hat Gott je gesehen« (Joh 1,18). Wenn Gott Gegenstand der Erkenntnis ist, so ist er es – wie übereinstimmend das Buch der Weisheit und der Brief an die Römer lehren – auf der Grundlage der Erfahrung, die der Mensch sowohl aus der sichtbaren als auch aus seiner eigenen inneren Welt macht. An diesem Punkt verläßt nun Immanuel Kant die alte Straße, der die biblischen Bücher und der hl. Thomas von Aquin gefolgt sind, und tut den Schritt in die ethische Erfahrung. Der Mensch erkennt sich als *ethisches Wesen,* das in der Lage ist, nach den Kriterien des Guten und des Bösen und nicht nur nach denen des Nutzens und des Gefallens zu handeln. Er erkennt sich auch als *religiöses Wesen,* das Kontakt zu Gott aufnehmen kann. Das Gebet, von dem wir zuvor gesprochen haben, ist in gewissem Sinn die erste Stufe dieser Realität.

Die zeitgenössische Denkweise hat sich von den positivistischen Überzeugungen entfernt und bemerkenswerte Schritte in Richtung einer noch vollständigeren Erkenntnis des Menschen getan; unter anderem wird auch der Wert der metaphorischen und symbolischen Sprache anerkannt. Die zeitgenössische Hermeneutik – der wir zum Beispiel in den Werken des Paul Ricœur oder auf andere Weise auch in denen des Emmanuel Lévinas begegnen – zeigt uns die Wahrheit über die Welt und den Menschen aus einem neuen Blickwinkel.

Sosehr sich der Positivismus von diesem umfassenderen Verständnis entfernt und es in bestimmtem Sinne sogar ausschließt, so sehr gestattet uns die Hermeneutik, die nach der Bedeutung der symbolischen Sprache forscht, dieses Verständnis wiederzufinden und gewissermaßen sogar zu vertiefen. Selbstverständlich bedeutet das nicht, daß der Vernunft die Fähigkeit abgesprochen werden soll, wahre begriffliche Aussagen über Gott und die Glaubenswahrheiten zu machen.

Aus diesem Grund ist die *Religionsphilosophie* für das zeitgenössische Denken so außerordentlich wichtig: zum Beispiel die Philosophie des Mircea Eliade und bei uns in Polen die des Erzbischofs Marian Jaworski und der Schule von Lublin. *Wir sind Zeugen einer symptomatischen Rückkehr zur Metaphysik (Philosophie des Seins) durch die ganzheitliche Anthropologie.* Man kann nicht auf angemessene Weise an den Menschen denken, ohne sich dabei – und das ist für ihn grundlegend – auf Gott zu beziehen. Der hl. Thomas von Aquin bezeichnete das mit der Sprache der *Existenzphilosophie* als *actus essendi.* Die Religionsphilosophie drückt es mit den Kategorien der *anthropologischen Erfahrung* aus. Zu dieser Erfahrung haben in hohem Maße die *Dialog-Philosophen* wie Martin Buber oder der bereits genannte Lévinas beigetragen. Und hier sind wir Thomas von Aquin sehr nahe; doch führt der Weg nicht so sehr über das Sein und die Existenz als vielmehr über die Personen und ihre Begegnung: das »Ich« und das »Du«. *Dies ist eine grundlegende Dimension der menschlichen Existenz, die stets Koexistenz ist.*
Wo haben die *Philosophen des Dialogs* dies gelernt? Zuallererst haben sie es von der Erfahrung der Bibel übernom-

men. Das gesamte menschliche Leben ist ein »Zusammensein« in der *Alltagsdimension* – »du« und »ich« – und auch in der *absoluten und endgültigen Dimension: »ich« und »DU«.* Die biblische Tradition kreist um dieses DU, das zunächst der Gott Abrahams, Isaaks und Jakobs, der Gott der Väter, ist und dann der Gott Jesu Christi und der Apostel, der Gott unseres Glaubens.

Unser Glaube ist ein *zutiefst anthropologischer Glaube,* der grundlegend in der Koexistenz wurzelt, in der Gemeinschaft des Volkes Gottes und *in der Gemeinschaft mit diesem ewigen DU:* Eine solche Koexistenz ist für unsere jüdisch-christliche Tradition unerläßlich. Sie geht hervor aus der Initiative Gottes selbst. Sie steht in der Linie der Schöpfung, als deren Fortsetzung sozusagen; zugleich ist sie, wie der hl. Paulus lehrt, »die Gemeinschaft mit Christus im Himmel, in dem Gott uns erwählt hat vor der Erschaffung der Welt« (vgl. Eph 1,3-4).

6

WARUM VERSTECKT ER SICH DANN?

*Demnach gibt es Gott. Doch ist dann der Protest vieler –
gestern wie heute – nicht verständlich: Warum offenbart er
sich nicht auf eindeutigere Weise? Warum gibt er nicht allen
Beweise seiner Existenz, die für alle spürbar und zugänglich sind? Warum scheint es seine geheimnisvolle Strategie
zu sein, mit seinen Geschöpfen Versteck zu spielen? Gewiß
gibt es Gründe zu glauben; doch gibt es für viele auch – wie
die Erfahrung der Geschichte zeigt – Gründe, an Gott zu
zweifeln oder ihn gar zu verneinen. Wäre es nicht einfacher,
wenn seine Existenz offenkundig wäre?*

Ich denke, daß sich die von Ihnen gestellten Fragen – die im
übrigen die Fragen vieler sind – weder auf den hl. Thomas
von Aquin noch auf Augustinus und auch nicht auf die große jüdisch-christliche Tradition beziehen. Mir scheint, sie
entspringen eher einem anderen Terrain: *rein rationalisti-
schem Denken* nämlich, *wie es für die moderne Philosophie
charakteristisch* ist. Ihre Geschichte beginnt mit Descartes,
der das Denken sozusagen vom Sein abgetrennt und mit
dem Verstand gleichgesetzt hat: *»Cogito, ergo sum.«* (Ich
denke, also bin ich.)
Wie anders ist doch der Ansatz des hl. Thomas von Aquin,

für *den nicht das Denken über das Sein, sondern das Sein, das »esse«, über das Denken entscheidet!* Ich denke, wie ich denke, weil ich der bin, der ich bin – ein Geschöpf also –, und weil Er der ist, der Er ist, das heißt, *das ungeschaffene absolute Geheimnis.*

Wenn Er kein Geheimnis wäre, bräuchte man die Offenbarung oder besser, entschiedener ausgedrückt: *die Selbstoffenbarung Gottes* nicht. Wenn der Mensch mit seinem geschaffenen Verstand und den Grenzen seiner eigenen Subjektivität alle Distanz überwinden könnte, die die Schöpfung vom Schöpfer, das kontingente und nicht notwendige vom Notwendigen Sein trennt (nach dem bekannten Wort Christi an die hl. Katharina von Siena: »die, die nicht ist« von »Dem, der ist«; vgl. Raimondo da Capua, Legenda maior I,10,92), dann wären seine Fragen begründet.

Die Gedanken, die Sie quälen und die auch in Ihren Büchern zum Ausdruck kommen, äußern sich in einem Fragenkatalog. Es sind jedoch nicht nur Ihre Fragen: Sie möchten sich zum Sprachrohr der Menschen unserer Zeit machen und ihnen auf den zuweilen schweren und manchmal in die Irre führenden oder auch aussichtslos scheinenden Wegen ihrer Suche nach Gott beistehen. Ihre Unruhe drückt sich in der Frage aus: *Warum fehlen sicherere Beweise für die Existenz Gottes? Warum scheint er sich zu verstecken und mit seiner Schöpfung regelrecht zu spielen? Müßte nicht alles viel einfacher sein? Müßte seine Existenz nicht offenkundig sein?* Dies sind Fragestellungen, die zum Repertoire des *zeitgenössischen Agnostizismus* gehören. Der Agnostizismus ist kein Atheismus und vor allem kein programmatischer Atheismus, wie es der marxistische Atheismus und in einem anderen Zusammenhang der Atheismus der Zeit der Aufklärung war.

Dennoch enthalten Ihre Fragen *Formulierungen, die wir aus dem Alten und Neuen Testament kennen.* Wenn Sie von Gott sprechen, der sich versteckt, so verwenden Sie fast dieselbe Sprache wie Mose, der Gott von Angesicht zu Angesicht sehen wollte, aber doch nur »seinen Rücken« (vgl. Ex 33,23) sehen konnte. Wird hier nicht ein Hinweis gegeben auf die Erkenntnis durch die Schöpfung?

Wenn Sie vom »Spielen« sprechen, kommen mir Worte aus dem Buch der Sprichwörter in den Sinn, welche sich auf die Weisheit beziehen, die »auf dem Erdenrund spielte und deren Freude es war, bei den Menschen zu sein« (Spr 8,31). Heißt dies nicht, daß sich die Weisheit Gottes den Geschöpfen schenkt, daß sie ihnen zugleich aber doch nicht sein ganzes Geheimnis offenbart?

Die Selbstoffenbarung Gottes vollzieht sich vor allem in seinem »Sich-Vermenschlichen«. Und nochmals kommt die große Versuchung auf, um mit den Worten Ludwig Feuerbachs zu sprechen, die klassische Reduzierung des Göttlichen auf das Menschliche vorzunehmen. Diese Worte sind von Feuerbach, von dem der atheistische Marxismus ausgegangen ist, doch – *ut minus sapiens,* »rede ich jetzt ganz unvernünftig« (vgl. 2 Kor 11,23) – *kommt die Herausforderung von Gott selbst,* da er tatsächlich Mensch geworden ist in seinem Sohn, geboren aus der Jungfrau. In dieser Geburt und anschließend durch die Passion, das Kreuz und die Auferstehung hat die Selbstoffenbarung Gottes in der Geschichte des Menschen ihren Zenit erreicht: die Offenbarung des unsichtbaren Gottes im sichtbaren Menschsein Christi.

Noch am Tag vor Beginn seines Leidens baten die Apostel Christus: »Zeig uns den Vater« (Joh 14,8). Seine Antwort bleibt eine Schlüsselantwort: »Wie könnt ihr sagen: Zeig uns den Vater? Glaubt ihr denn nicht, daß ich im Vater bin und daß der Vater in mir ist? Wenn nicht, glaubt wenigstens aufgrund der Werke ... Ich und der Vater sind eins« (Joh 14,9-11; 10,30).

Die Worte Christi gehen sehr weit. Wir haben es fast mit jener *unmittelbaren Erfahrung* zu tun, die der heutige Mensch anstrebt. Doch diese Unmittelbarkeit ist nicht die Erkenntnis Gottes »von Angesicht zu Angesicht« (1 Kor 13,12), die Erkenntnis Gottes als Gott.

Versuchen wir nun, unparteiisch zu sein in unseren Überlegungen: *Konnte Gott denn noch nachgiebiger sein, konnte er dem Menschen* und dessen Erkenntnisvermögen *noch mehr entgegenkommen?* In Wahrheit scheint es, als sei *er soweit gegangen wie möglich: Weiter hätte er nicht gehen können.* In gewissem Sinne ist Gott sogar zu weit gegangen! Denn wurde Christus nicht »für Juden ein empörendes Ärgernis, für Heiden eine Torheit« (1 Kor 1,23)? Gerade weil er Gott seinen Vater nannte, weil er ihn so offen in sich selbst offenbarte, mußte er unweigerlich den Eindruck erwecken, als sei er zu weit gegangen. Der Mensch konnte eine solche Nähe nicht mehr ertragen, und so begannen die Proteste.

Dieser große Protest hat präzise Namen: Der erste heißt Synagoge und der zweite Islam. Beide können keinen Gott billigen, der so menschlich ist. »Das gehört sich nicht für Gott«, wenden sie ein. »Er muß absolut transzendent sein, er muß reine Erhabenheit bleiben. Gewiß, Erhabenheit voller Barmherzigkeit! Doch heißt das nicht, daß er die

Schuld der eigenen Geschöpfe bezahlen muß, ihre Sünden.«

Aus einem bestimmten Blickwinkel ist es daher richtig zu sagen, daß Gott sich dem Menschen in dem, was in ihm am göttlichsten ist, in seinem innersten Leben, zu sehr offenbart hat; er hat sich in seinem eigenen Geheimnis offenbart. Er hat nicht darauf geachtet, daß diese *Offenbarung ihn vor den Augen des Menschen in gewisser Weise verdunkelt, weil der Mensch nicht fähig ist, das Übermaß an Geheimnis zu ertragen.* Der Mensch möchte nicht davon durchdrungen und überwältigt werden. Ja, er weiß, daß Gott der ist, in dem »wir leben, uns bewegen und sind« (vgl. Apg 17,28). Aber warum mußte dies durch seinen Tod und seine Auferstehung besiegelt werden? Dazu schreibt der hl. Paulus: »Ist aber Christus nicht auferweckt worden, dann ist unsere Verkündigung leer und euer Glaube sinnlos« (1 Kor 15,14).

7

JESUS-GOTT: EIN ÜBERTRIEBENER ANSPRUCH?

Gehen wir nun vom »Problem« Gott über zum »Problem« Jesus, von dem Sie ja schon zu sprechen begonnen haben. Warum könnte Jesus nicht einfacher nur ein Weiser sein wie Sokrates? Oder ein Prophet wie Mohammed? Oder ein Erleuchteter wie Buddha? Wie kann man nur mit solch unerhörter Gewißheit behaupten, daß dieser in einer abgelegenen Provinz zum Tode verurteilte Jude der Sohn Gottes sei, wesensgleich mit dem Vater? In seiner Radikalität hat dieser christliche Anspruch in keinem anderen religiösen Glaubensgut eine Entsprechung. Der hl. Paulus selbst nennt ihn »Ärgernis und Torheit«.

Der hl. Paulus ist sich zutiefst bewußt, daß *Christus absolut einzigartig ist und daß es nur diesen einen, unwiederholbaren Christus gibt.* Wenn er nur ein Weiser wäre wie Sokrates, ein »Prophet« wie Mohammed oder ein Erleuchteter wie Buddha, dann wäre er mit Sicherheit nicht das, was er ist. Er ist *der einzige Mittler zwischen Gott und den Menschen.*

Er ist Mittler, weil er Gottmensch ist. Er trägt in sich die ganze geheime Welt der Göttlichkeit, das ganze dreieinige Geheimnis und zugleich das Geheimnis des Lebens in der

Zeit und in der Unsterblichkeit. Er ist wirklich Mensch. In ihm vermischt sich das Göttliche nicht mit dem Menschlichen; es bleibt etwas dem Wesen nach Göttliches.

Doch ist Christus gleichzeitig so menschlich! Und dank dieser Menschlichkeit findet *die ganze Welt der Menschen, die ganze Geschichte der Menschheit in ihm ihren Ausdruck vor Gott.* Und nicht vor einem weit entfernten, unerreichbaren Gott, sondern vor einem Gott, der in ihm ist: oder besser, der er selber ist. Das gibt es in keiner anderen Religion und noch weniger in irgendeiner Philosophie.

Christus ist unwiederholbar! Er spricht nicht nur, indem er – wie Mohammed – religiöse Verhaltensmaßregeln verkündet, an die sich alle, die Gott anbeten, halten müssen. Christus ist auch nicht einfach nur ein Weiser in dem Sinne, wie Sokrates es war, dessen freie Annahme des Todes im Namen der Wahrheit aber doch ähnliche Züge trägt wie der Opfertod am Kreuz.

Noch weniger ist er Buddha ähnlich, der alles Geschaffene verneint. Buddha hat recht, wenn er in der Schöpfung keine Möglichkeit zur Rettung des Menschen sieht, doch hat er nicht recht, wenn er aus diesem Grund aller Schöpfung jeden Wert für den Menschen abspricht. Christus tut dies nicht und kann es nicht tun, weil er *der ewige Zeuge des Vaters und jener Liebe ist, die der Vater von Anfang an für sein Geschöpf* hat. Der Schöpfer sieht von Anfang an, daß die Schöpfung in vieler Hinsicht gut ist; er sieht dies vor allem im Menschen, der geschaffen ist nach seinem Ebenbild: Er sieht dieses Gute in gewissem Sinn durch den fleischgewordenen Sohn. Er sieht es als Aufgabe für seinen Sohn und für alle vernunftbegabten Geschöpfe. Da er uns bis an die Grenzen der Einsicht in das Göttliche vordringen läßt, können wir sagen, daß Gott dieses Gute auf ganz besondere Weise durch die Passion und den Tod des Sohnes sieht.

Dieses Gute wird von der Auferstehung bestätigt, die der Anfang einer neuen Schöpfung ist, der Wiederentdeckung alles Geschaffenen in Gott, des endgültigen Schicksals aller Geschöpfe. Und dieses Schicksal drückt sich in der Tatsache aus, daß Gott »alles und in allem« (1 Kor 15,28) sein wird.

Christus steht von Anfang an im Mittelpunkt des Glaubens und des Lebens der Kirche. Und auch im Mittelpunkt des Lehramtes und der Theologie. Was das Lehramt angeht, so müssen wir uns auf das gesamte erste Jahrtausend berufen, vom Konzil von Nizäa über die Konzilien von Ephesus und Chalzedon bis hin zum Zweiten Konzil von Nizäa, das die Folge der vorhergehenden war. Alle Konzilien des ersten Jahrtausends drehen sich um das Geheimnis der Heiligsten Dreifaltigkeit, einschließlich des Hervorgangs des Heiligen Geistes, doch sind sie *alle letzten Endes christologisch.* Seitdem Petrus bekannt hat: »Du bist der Messias, der Sohn des lebendigen Gottes« (Mt 16,16), steht Christus im Zentrum des Glaubens und des Lebens der Christen, im Zentrum ihres Zeugnisses, das nicht selten bis zum Vergießen des Blutes abgelegt wurde.

Dank dieses Glaubens hat die Kirche trotz der Verfolgungen eine wachsende Ausbreitung erfahren. Schritt für Schritt hat der Glaube die Alte Welt christianisiert. Und obgleich später die Bedrohung durch den Arianismus aufkam, hat der wahre Glaube an den Gottmenschen Christus, wie ihn Petrus bei Cäsarea Philippi bekannt hat, nie aufgehört, der Mittelpunkt des Lebens, des Zeugnisses, des Kultes und der Liturgie zu sein. *Man könnte von einer von Anfang an entstandenen Christozentrik des Christentums sprechen.*

Sie betrifft vor allem den Glauben und die lebendige Tradition der Kirche. Einen besonderen Ausdruck findet sie in der Marienverehrung und in der Mariologie: » . . . empfangen durch den Heiligen Geist, geboren von der Jungfrau Maria . . .« (Credo). *Die Marienfrömmigkeit und die Mariologie der Kirche sind nichts anderes als ein weiterer Aspekt der soeben erwähnten Christozentrik.*

Wir dürfen nicht davon ablassen, dies zu wiederholen. Christus ähnelt trotz einiger übereinstimmender Aspekte weder Mohammed noch Sokrates und auch nicht Buddha. *Er ist völlig einzigartig und unwiederholbar.* Die Einzigartigkeit Christi, auf die Petrus bei Cäsarea Philippi hingewiesen hat, steht im Mittelpunkt des Glaubens der Kirche, wie er im Credo zum Ausdruck kommt: »Ich *glaube* an Gott, den allmächtigen Vater, Schöpfer des Himmels und der Erde, und *an Jesus Christus, seinen eingeborenen Sohn, unseren Herrn, empfangen durch den Heiligen Geist, geboren von der Jungfrau Maria,* gelitten unter Pontius Pilatus, gekreuzigt, gestorben und begraben, abgestiegen in das Reich des Todes, am dritten Tage auferstanden von den Toten, aufgefahren in den Himmel; er sitzt zur Rechten Gottes, des allmächtigen Vaters . . .«

Dieses sogenannte apostolische Glaubensbekenntnis ist Ausdruck des Glaubens Petri und der ganzen Kirche. Vom 4. Jahrhundert an wird das nizänisch-konstantinopolitanische Glaubensbekenntnis in der Katechese und der Liturgie gebräuchlich, wodurch die Lehre erweitert wird. Sie wird erweitert infolge des wachsenden Bewußtseins der Kirche, die nach und nach in die hellenistische Kultur eindringt und hierdurch mit größerer Klarheit die Notwendigkeit sieht, die Lehraussagen der

Welt auf eine angemessenere und überzeugendere Weise zu vermitteln.

In Nizäa und Konstantinopel wurde bestätigt: Jesus Christus ist »Gottes eingeborener Sohn, aus dem Vater geboren vor aller Zeit, gezeugt, nicht geschaffen, eines Wesens mit dem Vater, durch ihn wurde alles geschaffen . . .«

Diese Formulierungen gehen nicht einfach aus dem Hellenismus hervor; *sie entspringen vielmehr unmittelbar dem apostolischen Gedankengut.* Wollen wir *ihre Quelle* suchen, so werden wir *vor allem bei Paulus und Johannes* fündig.

Die Christologie des Paulus ist außerordentlich reich. Ihr Ausgangspunkt ist bestimmt von einem Ereignis, das sich vor den Toren von Damaskus ereignet hat. Bei jener Gelegenheit wurde der junge Pharisäer geblendet, doch sah er gleichzeitig mit den Augen der Seele die ganze Wahrheit über den auferstandenen Christus. Diese Wahrheit brachte er dann in seinen Briefen zum Ausdruck.

Die Worte des Glaubensbekenntnisses von Nizäa sind nichts anderes als der Reflex der Lehre des Paulus. Darüber hinaus findet man in ihnen auch das Erbe des Johannes, insbesondere soweit es im Prolog (vgl. Joh 1,1-18) enthalten ist. Sein ganzes Evangelium und auch seine Briefe sind ein Zeugnis für das Wort des Lebens, ein Zeugnis dessen, »was wir gehört haben, was wir mit unseren Augen gesehen . . . und was unsere Hände angefaßt haben« (1 Joh 1,1).

In gewisser Hinsicht kann Johannes daher, mehr noch als Paulus, als Zeuge bezeichnet werden, auch wenn das Zeugnis des Paulus besonders einschneidend bleibt. Diese Gegenüberstellung von Paulus und Johannes ist wichtig. Johannes schreibt nämlich später als Paulus, und aus diesem Grund müssen die ersten Äußerungen des Glaubens vor allem bei Paulus gesucht werden.

Aber nicht nur bei Paulus, sondern *auch bei Lukas,* der Gefolgsmann des Paulus war. Bei Lukas finden wir nämlich den Satz, der gleichsam als *Brücke zwischen Paulus und Johannes* betrachtet werden kann. Ich meine die Worte, die Christus – wie der Evangelist schreibt – »vom Heiligen Geist erfüllt, voll Freude ausruft« (Lk 10,21): »Ich preise Dich, Vater, Herr des Himmels und der Erde, weil Du all das den Weisen und Klugen verborgen, den Unmündigen aber offenbart hast . . . Niemand weiß, wer der Sohn ist, nur der Vater, und niemand weiß, wer der Vater ist, nur der Sohn und der, dem es der Sohn offenbaren will« (Lk 10,21-22). Lukas sagt hier dasselbe, was Matthäus Jesus, der sich zu Petrus wandte, in den Mund legt: »Nicht Fleisch und Blut haben dir das offenbart, sondern mein Vater im Himmel« (Mt 16,17). Lukas' Worte finden außerdem eine genaue Entsprechung in den Worten des Johannesprologs: »Niemand hat Gott je gesehen. Der Einzige, der Gott ist und am Herzen des Vaters ruht, er hat Kunde gebracht« (Joh 1,18). Diese Wahrheit des Evangeliums kehrt im übrigen bei Johannes an so vielen Stellen wieder, daß man sie auf Anhieb gar nicht alle aufzählen kann. *Die Christologie des Neuen Testaments ist »bahnbrechend«.* Die Väter, die Hochscholastik und die Theologie der folgenden Jahrhunderte *sind schließlich immer wieder aufs neue erstaunt zum empfangenen Erbe zurückgekehrt,* um sein Verständnis Schritt für Schritt zu vertiefen.

Sie werden sich erinnern, daß meine erste Enzyklika über den Erlöser des Menschen *(Redemptor hominis)* einige Monate nach meiner am 16. Oktober 1978 erfolgten Wahl erschienen ist. Dies heißt, daß ich ihren Inhalt in Wirklichkeit *in mir* trug. In gewisser Weise brauchte ich aus meiner Erinnerung und meiner Erfahrung nur noch das niederzuschreiben, von dem ich an der Schwelle zum Pontifikat bereits lebte.

Darauf möchte ich besonders verweisen, weil die Enzyklika einerseits die *Tradition der Schulen,* aus denen ich hervorgegangen bin, und andererseits den *pastoralen Stil* bestätigt, auf den sie sich beruft. Das Geheimnis der Erlösung wird hier unter dem Aspekt der großen Erneuerung des Menschen und alles Menschlichen betrachtet, wie sie vom Konzil und insbesondere in der Konstitution *»Gaudium et spes«* vorgeschlagen wird. Die Enzyklika *soll eine große Hymne der Freude darüber sein, daß der Mensch durch Christus erlöst wurde:* erlöst nach Seele und Leib. Diese Erlösung des Leibes hat anschließend in der Reihe der Mittwochskatechesen ihren Ausdruck gefunden: *»Als Mann und Frau schuf er sie.«* Vielleicht sollte man besser sagen: »Als Mann und Frau erlöste er sie.«

8

MAN NENNT SIE »HEILSGESCHICHTE«

Ich möchte die Freiheit, die Sie mir gewährt haben, nutzen und weitere Fragen stellen, die Ihnen ein wenig eigenartig erscheinen mögen. Doch sind es Fragen, die ich, wie Sie selbst bemerkt haben, auch im Namen nicht weniger unserer Zeitgenossen stelle. Angesichts der Verkündigung des Evangeliums scheinen sie sich bisweilen zu fragen, warum diese »Heilsgeschichte« – wie die Christen sie nennen – so kompliziert erscheint. Wußte sich ein Gott-Vater denn wirklich keinen anderen Rat, als zu unserer Versöhnung und zu unserem Heil seinen eigenen Sohn auf so grausame Weise zu opfern?

Ihre Frage nach der *Heilsgeschichte* berührt den tiefsten Sinn des Heils durch die Erlösung. Beginnen wir indessen mit einem Blick auf *die Geschichte des europäischen Denkens nach Descartes*. Warum setze ich hier an erste Stelle Descartes? Nicht nur, weil er den Anfang einer neuen Epoche in der Geschichte des europäischen Denkens bezeichnet, sondern auch, weil dieser Philosoph – mit Sicherheit einer der bedeutendsten, die Frankreich der Welt geschenkt hat – *die große anthropozentrische Wende in der Philosophie eingeleitet* hat. »Ich denke, also bin ich« ist, wie bereits erwähnt, das Motto des modernen Rationalismus.

Der ganze Rationalismus der letzten Jahrhunderte kann – sowohl in seiner angelsächsischen wie auch kontinentalen Ausdrucksform mit Kant, Hegel und der deutschen Philosophie des 19. und 20. Jahrhunderts bis hin zu Husserl und Heidegger – als Weiterführung und Weiterentwicklung der Positionen Descartes' gelten. Der Autor der *»Méditations philosophiques«* hat uns mit seinem ontologischen Argument abgebracht *von der Philosophie der Existenz* und auch von den traditionellen »Wegen« des hl. Thomas von Aquin. Diese Wege führen zu Gott, dem »autonomen Sein selbst« (dem *Ipsum esse subsistens*). Descartes hingegen führt durch die Verabsolutierung des subjektiven Bewußtseins vielmehr hin zum *reinen Bewußtsein des Absoluten,* das das *reine Denken* ist. Ein solches Absolutes ist kein *autonomes Sein,* sondern gewissermaßen *autonomes Denken:* Nur das hat Sinn, was dem menschlichen Denken entspricht. Hierbei ist nicht so sehr die objektive Wahrhaftigkeit dieses Denkens von Bedeutung als vielmehr die Tatsache an sich, daß etwas dem menschlichen Bewußtsein aufscheint.

Wir befinden uns hier an der Schwelle zum *modernen Immanentismus* und *Subjektivismus*. Descartes setzt den Anfang der Entwicklung sowohl der exakten Naturwissenschaften wie auch der Humanwissenschaften in ihrer neuen Erscheinungsform. Damit tritt die Metaphysik in den Hintergrund; von nun an konzentriert man sich auf die Erkenntnisphilosophie, deren größter Vertreter Immanuel Kant ist. Wenngleich wir dem Vater des modernen Rationalismus die Entfernung vom Christentum sicher nicht vorwerfen können, so ist doch ziemlich eindeutig, daß er das Klima geschaffen hat, in dem sich in der Moderne eine solche Entfernung hat vollziehen können. Sie setzte ja nicht sofort, sondern schrittweise und ganz allmählich ein. Ungefähr einhundertfünfzig Jahre nach Descartes, so stellen wir in der Tat fest, wurde all das, was zuvor in der Tradition des europäischen Denkens im *wesentlichen christlich* war, *bereits in Klammern gesetzt.* Wir befinden uns in einer Zeit, in der in Frankreich die Aufklärung herrscht, eine Lehre, mit der sich der bloße *Rationalismus endgültig durchgesetzt hat.* Die Französische Revolution hat während ihrer Schreckensherrschaft Altäre zerstört, die Christus geweiht waren, Kruzifixe auf die Straße geworfen und dafür den Kult der Göttin der Vernunft eingeführt. Auf dieser Basis wurden *Freiheit, Gleichheit und Brüderlichkeit* proklamiert. Und so wurde das geistliche und insbesondere das moralische Erbe des Christentums seiner evangelischen Grundlage beraubt. Zu dieser Grundlage aber muß das Christentum zurückgeführt werden, damit es seine volle Lebendigkeit wiedererlangt.

Dennoch führte dieser Prozeß der Abkehr vom Gott der Väter, vom Gott Jesu Christi, vom Evangelium und von der Eucharistie nicht zum Bruch mit einem über der Welt existierenden Gott. *Der Gott der Deisten* war vielmehr stets präsent; und vielleicht gab es ihn auch bei den französischen Enzyklopädisten in den Werken Voltaires und Jean Jacques Rousseaus; und vielleicht noch mehr bei Isaac Newton, in den »*Philosophiae naturalis principia mathematica*«, die den Beginn der modernen Physik darstellen.

Dieser Gott war jedoch eindeutig ein Gott außerhalb der Welt. Ein in der Welt gegenwärtiger Gott erschien einer auf naturwissenschaftlichen Erkenntnissen beruhenden Weltsicht unnütz; ebensowenig nützte ein im Menschen wirkender Gott für das moderne Bewußtsein und für die moderne Wissenschaft vom Menschen, die bewußte und unbewußte Mechanismen im Menschen untersucht. *Der Rationalismus der Aufklärung hat den wahren Gott und insbesondere den Erlösergott in Klammern gesetzt.*

Was brachte dies mit sich? *Daß sich der Mensch in seinem Leben ausschließlich von seiner eigenen Vernunft leiten lassen mußte, geradeso als ob es Gott gar nicht gäbe.* Er mußte im Sinne der objektiven Erkenntnis der Welt nicht nur von Gott absehen, weil die Annahme der Existenz des Schöpfers oder der Vorsehung der Wissenschaft in keiner Weise dienlich war, sondern er mußte auch so handeln, als ob es Gott gar nicht gäbe, als ob Gott sich für die Welt nicht interessierte. *Der Rationalismus der Aufklärung konnte einen Gott außerhalb der Welt annehmen, vor allem weil er eine nicht nachprüfbare Hypothese blieb. Unabdingbar war jedoch, daß dieser Gott außerhalb der Welt verblieb.*

9

Eine »Geschichte«, die Form annimmt

Ich folge dieser philosophischen Abhandlung voller Auf-
merksamkeit. Aber in welchem Zusammenhang steht dies
mit meiner an Sie gerichteten Frage über die »Heilsge-
schichte«?

Gerade hierauf wollte ich hinaus. Denn mit dieser Denk-
und Handlungsweise trifft der aufgeklärte Rationalismus
das Herz der ganzen *christlichen Soteriologie,* das heißt der
theologischen Reflexion über das Heil (griechisch: *sotería*),
über die Erlösung. »Gott hat die Welt so sehr geliebt, daß er
seinen einzigen Sohn hingab, damit jeder, der (an ihn)
glaubt«, nicht zugrunde geht, sondern »das ewige Leben
hat« (Joh 3,16). Jedes Wort dieser Antwort Christi im Gespräch mit Nikodemus stellt für eine Mentalität, wie sie
nicht nur aus der französischen, sondern auch aus der engli-
schen und deutschen Aufklärung entstanden ist, einen Stein
des Anstoßes dar.
Nehmen wir nun wieder den Faden Ihrer Frage auf und analysieren wir die Worte Christi im Evangelium des hl. Johannes, damit wir verstehen, an welchen Punkten wir in Kon-
trast stehen zu jener Mentalität. Sie machen sich natürlich
auch hier zum Sprachrohr der Menschen von heute, wenn

Sie fragen: »Warum muß die Heilsgeschichte nur so kompliziert sein?«

In Wirklichkeit müssen wir sagen, daß sie *sehr einfach* ist! Wir können auf ganz unmittelbare Weise ihre tiefe Einfachheit und auch ihre erstaunliche innere Logik beweisen, indem wir von den Worten Jesu an Nikodemus ausgehen.

Hier ist die erste Aussage: »*Gott hat die Welt geliebt.*« Doch der Geist der Aufklärung braucht diese Liebe Gottes nicht. *Die Welt genügt sich selbst.* Und Gott ist seinerseits nicht vor allem Liebe. Er ist vielmehr Verstand, ewig erkennender Verstand. Niemand braucht den Eingriff Gottes in einer Welt, die existiert, die sich selbst genügt, die transparent ist für die menschliche Erkenntnis, die dank der wissenschaftlichen Forschung immer freier ist von Geheimnissen und die als unerschöpfliche Rohstoffquelle dem Menschen, als *dem Demiurgen der modernen Technik,* immer mehr unterworfen wird. Genau *diese Welt soll den Menschen glücklich machen.*

Christus aber sagt zu Nikodemus, daß »Gott die Welt so sehr geliebt hat, daß er seinen einzigen Sohn hingab, damit jeder, der an ihn glaubt, nicht zugrunde geht« (Joh 3,16). So macht Jesus begreiflich, daß die Welt nicht die Quelle des endgültigen Glücks des Menschen ist. Sie kann vielmehr die Quelle seines Verderbens werden. Diese Welt, die als große Werkstatt der vom Menschen erarbeiteten Kenntnisse, als Fortschritt und Kultur, als modernes System von Kommunikationsmitteln und Ordnung demokratischer Freiheiten ohne jede Beschränkung erscheint, ja, diese Welt ist nicht in der Lage, den Menschen glücklich zu machen.

Wenn Christus von der Liebe spricht, die der Vater für die Welt hat, so läßt er die ursprüngliche Aussage des Buches

Genesis anklingen, welche die Beschreibung der Schöpfung begleitet: »Gott sah, daß es gut war . . . es war sehr gut« (Gen 1,12.31). Aber eine solche Bejahung stellt keinerlei Verabsolutierung des Heils dar. Die Welt ist nicht in der Lage, den Menschen glücklich zu machen. Sie ist nicht in der Lage, vor dem Bösen in all seinen Erscheinungsformen zu bewahren: Krankheiten, Epidemien, Naturkatastrophen und ähnlichem. Diese Welt mit all ihren Reichtümern und ihren Mängeln hat es nötig, gerettet, erlöst zu werden.

Die Welt kann den Menschen nicht vom Leiden befreien, und vor allem kann sie ihn nicht vom Tod befreien. *Die ganze Welt ist der »Ungewißheit« ausgesetzt,* wie der hl. Paulus im Brief an die Römer sagt: Sie ist der Verderbnis und dem Tod unterworfen. In seiner leiblichen Dimension trifft dies auch auf den Menschen zu. Die Unsterblichkeit gehört nicht zu dieser Welt. Nur von Gott allein kann sie dem Menschen zukommen. Deshalb spricht Christus von der Liebe Gottes, die in der Sendung seines einzigen Sohnes zum Ausdruck kommt, damit der Mensch »nicht zugrunde geht, sondern das ewige Leben hat« (Joh 3,16). *Das ewige Leben kann dem Menschen nur von Gott gegeben werden, es kann nur ein Geschenk Gottes sein.* Die geschaffene Welt kann es ihm nicht geben. Die Schöpfung – und mit ihr der Mensch – ist der »Vergänglichkeit« unterworfen (vgl. Röm 8,20).

»Denn Gott hat seinen Sohn nicht in die Welt gesandt, damit er die Welt richtet, sondern damit die Welt durch ihn gerettet wird« (Joh 3,17). Die Welt, welche der Menschensohn bei seiner Menschwerdung vorfand, verdiente es, verdammt zu werden: *wegen der Sünde,* die die ganze Geschichte beherrscht hatte, beginnend mit dem Sündenfall der Stammeltern. Doch dies ist ein anderer Punkt, den das

Denken nach der Aufklärung absolut nicht annimmt. *Es nimmt die Realität der Sünde und vor allem der Erbsünde nicht an.*

Als ich bei meinem letzten Besuch in Polen den Dekalog und das Gebot der Liebe zum Thema meiner Predigten machte, haben das all jene Polen, die sich dem »Programm der Aufklärung« verpflichtet fühlen, nicht gern gesehen. Der Papst, der die Welt von der menschlichen Sünde zu überzeugen sucht, wird aufgrund dieser Haltung zur *persona non grata*. Einwände dieser Art stehen jedoch dem entgegen, was der hl. Johannes mit den Worten Christi ausgedrückt hat, der das Kommen des Heiligen Geistes ankündigte, der »die Welt überführen (und aufdecken wird), was Sünde . . . ist« (Joh 16,8).

Was kann die Kirche anderes tun? Wie dem auch sei, »der Sünde überführen« heißt noch nicht verurteilen. »Denn Gott hat seinen Sohn nicht in die Welt gesandt, damit er die Welt richtet, sondern damit die Welt durch ihn gerettet wird.« *Der Sünde überführen bedeutet, die Grundlagen für das Heil zu schaffen.* Die erste Voraussetzung für das Heil ist die Erkenntnis der eigenen, auch der vererbten, Sündhaftigkeit; und dann ihr Bekenntnis vor Gott, der nichts anderes erwartet als dieses Bekenntnis, um den Menschen zu retten. *Heilen, das heißt umarmen und mit erlösender Liebe aufnehmen,* mit einer Liebe, die stets größer ist als jede Sünde. Das Gleichnis vom verlorenen Sohn bleibt dafür ein nicht zu übertreffendes Beispiel.

Wie Sie sehen, ist die Heilsgeschichte *sehr einfach.* Und sie spielt sich innerhalb der irdischen Geschichte der Menschheit ab, angefangen beim ersten Adam über die Offenbarung des zweiten Adam, Jesu Christi (vgl. 1 Kor 15,45), bis hin zur endgültigen Vollendung der Weltgeschichte in Gott, wenn *Er* »alles und in allem« (1 Kor 15,28) sein wird.

Gleichzeitig nimmt diese Geschichte die *Dimension des Lebens aller Menschen* an. In gewissem Sinne ist sie gänzlich im Gleichnis vom verlorenen Sohn enthalten oder auch in den Worten Christi an die Ehebrecherin: »Auch ich verurteile dich nicht. Geh und sündige von jetzt an nicht mehr!« (Joh 8,11)

Die Heilsgeschichte läßt sich in der grundlegenden Feststellung eines großen Eingriffs Gottes in die Menschheitsgeschichte zusammenfassen. Dieser Eingriff erreicht seinen Höhepunkt im Ostergeheimnis – dem Leiden, dem Tod, der Auferstehung und der Himmelfahrt Jesu – und findet Vollendung im Pfingstfest mit der Herabkunft des Heiligen Geistes auf die Apostel. Diese Geschichte offenbart in der Enthüllung des Heilswillens Gottes auch *die Sendung der Kirche.* Sie ist die Geschichte aller Menschen, der gesamten Menschheitsfamilie, die am Anfang geschaffen und dann in Christus und der Kirche neugeschaffen wurde. Der hl. Augustinus hat eine tiefe Einsicht in diese Geschichte gehabt, als er »*De civitate Dei*« schrieb. Er stand damit nicht allein.

Die Heilsgeschichte regt immer wieder aufs neue zur Interpretation der Menschheitsgeschichte an. Aus diesem Grund interessieren sich auch zahlreiche zeitgenössische Denker und Historiker für die Heilsgeschichte. Sie wirft nämlich das spannendste Thema auf. Alle Fragen, die sich das II. Vatikanische Konzil stellt, führen letztendlich auf dieses Thema zurück.

Die Heilsgeschichte nimmt nicht nur die Frage der Menschheitsgeschichte auf, sondern stellt sich dem *Problem des Sinnes ihrer Existenz.* Sie ist daher zugleich *Geschichte und*

Metaphysik. Man könnte sogar sagen, daß sie die *ganzheit-lichste* Form von Theologie ist, die Theologie aller Begegnungen zwischen Gott und der Welt. Die letzte Konstitution des Konzils über die Kirche in der Welt von heute, *»Gaudium et spes«,* ist nichts anderes als die Aktualisierung dieses großen Themas.

10

Ein Gott der Liebe:

Warum aber soviel Böses?

Dies sind großartige, faszinierende Perspektiven, die für die Gläubigen gewiß eine neue Bestätigung ihrer Hoffnung darstellen. Und doch können wir nicht leugnen, daß sich auch Christen durch all die Jahrhunderte in der Stunde der Prüfung eine quälende Frage gestellt haben: Wie kann man – angesichts des Leidens, der Ungerechtigkeit, der Krankheit und des Todes, die die große Weltgeschichte sowie die kleine alltägliche Geschichte eines jeden von uns zu beherrschen scheinen – weiterhin auf einen Gott vertrauen, der ein barmherziger Vater wäre, auf Gott, der – wie das Neue Testament offenbart – die Liebe selbst wäre?

Stat crux dum volvitur orbis (das Kreuz steht fest, während die Welt um sich kreist). Wie ich zuvor gesagt habe, befinden wir uns im Mittelpunkt der Heilsgeschichte. Sie konnten selbstverständlich nichts auslassen, *was als Quelle wiederkehrender Zweifel* nicht nur hinsichtlich der Güte Gottes, sondern sogar hinsichtlich seiner Existenz gilt. Wie hat Gott nur so viele Kriege, die Konzentrationslager, den Holocaust zulassen können?

Ist der Gott, der all dies zuläßt, denn wirklich noch Liebe, wie Johannes es in seinem ersten Brief verkündet? Ist er gerecht in bezug auf seine Schöpfung? Bürdet er dem einzelnen Menschen nicht zuviel Last auf? Läßt er den Menschen nicht zu sehr allein mit dieser Last, indem er ihn zu einem Leben ohne Hoffnung verurteilt? Es gibt so viele unheilbar Kranke in den Krankenhäusern, so viele behinderte Kinder, so viele Menschenleben, die vom gewöhnlichen menschlichen Glück auf der Erde völlig ausgeschlossen sind, vom Glück, das aus der Liebe, aus der Ehe, aus der Familie kommt! All dies zusammen schafft ein düsteres Bild, das in der antiken wie in der modernen Literatur Ausdruck gefunden hat. Man denke nur an Fjodor Dostojewskij, an Franz Kafka oder Albert Camus.

Gott hat den Menschen als vernünftigen und freien Menschen geschaffen, und aus diesem Grunde hat er sich seinem Urteil unterworfen. *Die Heilsgeschichte ist auch die Geschichte des unablässigen Urteils des Menschen über Gott.* Nicht nur der Fragen, der Zweifel, sondern des wahren und tatsächlichen Urteils. Das alttestamentliche Buch Ijob ist das Paradigma dieses Urteils. Dazu kommt das Wirken des bösen Geistes, der mit großem Scharfblick nicht nur den Menschen, sondern auch das Wirken Gottes in der Menschheitsgeschichte zu richten bereit ist. Dies wird im Buch Ijob deutlich.

Scandalum crucis (das Ärgernis des Kreuzes). In den vorhergehenden Fragen haben Sie das Problem sehr genau beschrieben: War es nötig, daß Gott seinen Sohn am Kreuz opferte, um den Menschen zu retten? Vor dem Hintergrund dieser Überlegungen müssen wir uns fragen: Konnte es denn anders sein? Konnte Gott, sagen wir, sich denn angesichts allen Leidens *vor der Menschheitsgeschichte* anders *rechtfertigen* als dadurch, daß er das Kreuz Christi in den

Mittelpunkt dieser Geschichte stellte? Man könnte natürlich antworten, daß Gott sich gar nicht vor dem Menschen zu rechtfertigen braucht; es reicht, daß er allmächtig ist. Unter diesem Aspekt muß alles angenommen werden, was er tut oder zuläßt. Dies ist die Haltung des biblischen Ijob. Doch Gott, der nicht nur Allmacht, sondern auch Weisheit und – wiederholen wir es noch einmal – Liebe ist, hat regelrecht den Wunsch, sich vor der Geschichte des Menschen zu rechtfertigen. Er ist nicht das Absolute, das außerhalb der Welt steht und dem deshalb das menschliche Leiden gleichgültig ist. Er ist Emanuel, der Gott-mit-uns, ein Gott, der das Los des Menschen teilt und an seinem Schicksal teilnimmt. Hier tritt eine weitere Unzulänglichkeit, ja sogar Fehlerhaftigkeit jenes Gottesbildes ans Licht, das die Aufklärung ohne Einwände angenommen hat. Sie stellt in bezug auf das Evangelium sicherlich einen Schritt nach rückwärts dar, nicht in Richtung einer besseren Erkenntnis Gottes und der Welt, sondern in Richtung ihrer Verkennung.

Nein und noch einmal nein! Gott ist nicht einer, der nur außerhalb der Welt steht und damit zufrieden ist, der Allerweiseste und der Allmächtige zu sein. *Seine Weisheit und seine Allmacht stellen sich freiwillig in den Dienst des Geschöpfes.* Wenn es in der Menschheitsgeschichte das Leiden gibt, so wird verständlich, warum sich seine Allmacht *mittels des Kreuzes zusammen mit der Allmacht der Erniedrigung* offenbart hat. Das Ärgernis des Kreuzes bleibt der Schlüssel zur Deutung des großen Geheimnisses des Leidens, das auf so organische Weise zur Menschheitsgeschichte gehört.

Hierin sind sich sogar die zeitgenössischen Kritiker des Christentums einig. Auch sie sehen ein, daß der gekreuzigte Christus *ein Beweis der Solidarität Gottes mit dem leiden-*

den Menschen ist. Gott stellt sich auf die Seite des Menschen. Er geht bis zum Äußersten: »Er entäußerte sich und wurde wie ein Sklave . . . und war gehorsam bis zum Tod, bis zum Tod am Kreuz« (Phil 2,7-8). Alles ist hierin enthalten: alles persönliche und alles gemeinschaftliche Leid, das von Naturkräften verursachte und das vom freien menschlichen Willen hervorgerufene Leiden, Kriege, die Gulags und die Holocauste: der Holocaust der Juden, aber beispielsweise auch der Holocaust der schwarzafrikanischen Sklaven.

11

GOTTES »OHNMACHT«?

Allerdings ist der Einwand vieler wohl bekannt, daß die Frage nach dem Schmerz und dem Bösen in der Welt auf diese Weise nicht wirklich angegangen, sondern nur verlagert wird. Der Glaube besagt nämlich, daß Gott allmächtig ist. Warum hat er dann eine Welt, die er selber geschaffen hat, nicht vom Leiden befreit und tut dies auch weiterhin nicht? Würden wir hier nicht vor einer Art »Ohnmacht« Gottes stehen, von der selbst aufrichtige, wenn auch gepeinigte religiöse Geister sprechen?

Ja, in gewissem Sinne kann man dies sagen: *Angesichts der menschlichen Freiheit hat Gott »ohnmächtig« sein wollen.* Gott zahlt sozusagen für die große Gabe, die er dem von ihm »nach seinem Abbild und ihm ähnlich« (vgl. Gen 1,26) geschaffenen Wesen gespendet hat. Er hält fest an dieser Gabe und setzt sich dem *Urteil des Menschen* aus, vor einem unrechtmäßigen Gericht, das ihm provozierende Fragen stellt: »Also bist du doch ein König?« (vgl. Joh 18,37) »Ist es wahr, daß alles, was in der Welt, in der Geschichte Israels und in der Geschichte aller Nationen geschieht, von dir abhängt?«
Wir kennen die Antwort Christi auf diese Frage vor dem

Gericht des Pilatus: »Ich bin dazu geboren und dazu in die Welt gekommen, daß ich für die Wahrheit Zeugnis ablege« (Joh 18,37). Doch »was ist Wahrheit?« (Joh 18,38). Hiermit endet jenes dramatische Verhör, bei dem der Mensch Gott vor dem Gericht seiner eigenen Geschichte unter Anklage stellte. Und bei dem der Urteilsspruch in keinem Verhältnis zur Wahrheit steht. Pilatus sagt: »Ich finde keinen Grund, ihn zu verurteilen« (Joh 18,38; 19,6). Und kurz darauf ordnet er an: »Nehmt ihr ihn und kreuzigt ihn!« (Joh 19,6) Auf diese Weise wäscht Pilatus seine Hände in Unschuld und überläßt die Verantwortung der aufgebrachten Menge.

So beruht also *die Verurteilung Gottes durch den Menschen nicht auf der Wahrheit, sondern auf Überheblichkeit und heimtückischer Verschwörung.* Ist nicht gerade das die Wahrheit der Menschheitsgeschichte, die Wahrheit unseres Jahrhunderts? In unseren Tagen ist diese Art der Verurteilung in zahlreichen Gerichten, die dem Zugriff totalitärer Regime ausgesetzt sind, wiederholt worden. Und wird sie nicht auch von demokratischen Parlamenten wiederholt, indem beispielsweise kraft regulär verabschiedeter Gesetze der noch nicht geborene Mensch zum Tode verurteilt wird?

Gott steht stets auf der Seite der Leidenden. Seine Allmacht offenbart sich gerade in der Tatsache, daß er das Leiden aus freiem Willen angenommen hat. Er hätte es nicht tun müssen. Er hätte seine Allmacht auch im Augenblick der Kreuzigung beweisen können. Es wurde ihm sogar vorgeschlagen. »Er soll doch jetzt vom Kreuz herabsteigen, damit wir sehen und glauben« (vgl. Mk 15,32). Doch ist er nicht auf diese Herausforderung eingegangen. Die Tatsache, daß er bis zum Ende am Kreuz hängen blieb, und die Tatsache, daß er am Kreuz wie alle Leidenden hat sagen können: »Mein

Gott, mein Gott, warum hast du mich verlassen?« (Mk 15,34), ist in der Geschichte der Menschheit als stärkstes Argument bestehengeblieben. Wenn es diesen Todeskampf am Kreuz nicht gegeben hätte, so würde die Wahrheit, daß Gott die Liebe ist, im luftleeren Raum schweben.

Ja! Gott ist die Liebe, und gerade deswegen hat er seinen Sohn dahingegeben, um ihn bis zum Ende als Liebe zu offenbaren. Christus ist der, der *»seine Liebe bis zur Vollendung* erwiesen hat« (Joh 13,1). »Bis zur Vollendung« heißt bis zum letzten Atemzug. »Bis zur Vollendung« heißt, alle Folgen der Sünde des Menschen anzunehmen und sie auf sich zu nehmen. So, wie der Prophet Jesaja gesagt hatte: Er hat »unsere Schmerzen auf sich geladen . . . Wir hatten uns alle verirrt wie Schafe, jeder ging für sich seinen Weg. Doch der Herr lud auf ihn die Schuld von uns allen« (Jes 53,4.6). Der Schmerzensmann ist die Offenbarung der Liebe, die »alles erträgt« (1 Kor 13,7), jener Liebe, die »am größten« ist (vgl. 1 Kor 13,13). Er ist die Offenbarung, daß Gott nicht nur Liebe *ist,* sondern auch »die Liebe ausgießt in unsere Herzen durch den Heiligen Geist« (Röm 5,5). Am Ende wird angesichts des Gekreuzigten in uns der Mensch die Oberhand gewinnen, der teilhat an der Erlösung, und nicht der, der den Anspruch erhebt, in seinem eigenen Leben und im Leben der Menschheit über göttliche Urteile zu richten.

So befinden wir uns also *im Zentrum der Heilsgeschichte* selbst. Das Urteil über Gott wird zum Urteil über den Menschen. Die göttliche Dimension und die menschliche Dimension dieses Ereignisses begegnen einander, überkreuzen und überlagern sich. Wir müssen hier anhalten. Vom Berg der Seligkeiten führt der Weg der Frohbotschaft nach Golgota – über den Berg Tabor, das heißt den Berg der Verklärung. Die Schwierigkeit von Golgota, seine Herausforderung ist so groß, daß Gott selbst den Aposteln ankündigen wollte, was zwischen Karfreitag und Ostersonntag geschehen würde.

Unumstößlich besagt der Karfreitag: Mensch, der du über Gott richtest, der du ihm befiehlst, sich vor deinem Gericht zu verantworten, denk an dich selbst, ob nicht du verantwortlich bist für den Tod dieses Verurteilten, ob *das Urteil über Gott nicht in Wirklichkeit das Urteil über dich selber ist.* Denk darüber nach, ob dieses Urteil und die Verurteilung – das Kreuz und dann die Auferstehung – für dich nicht der einzige Weg zum Heil bleiben!

Als der Erzengel Gabriel der Jungfrau von Nazaret die Geburt des Sohnes ankündigte und offenbarte, daß sein Reich kein Ende haben werde (vgl. Lk 1,33), hätte man schwerlich ahnen können, daß jene Worte in eine solche Zukunft wiesen; daß das Reich Gottes auf Erden um einen solchen Preis verwirklicht werden sollte; daß von jenem Augenblick an die Heilsgeschichte der ganzen Menschheit diesem Weg folgen sollte.

Erst von diesem Augenblick an? Oder etwa von Anfang an? Das Ereignis von Golgota ist eine geschichtliche Tatsache. Und doch ist es nicht auf Zeit und Raum begrenzt. Es geht auf den Uranfang zurück und weist in die Zukunft bis hin zum Ende der Geschichte. Es schließt Raum und Zeit und alle Menschen ein. Christus ist *die Erwartung,* und er ist zugleich *die Vollendung.* »Denn es ist uns Menschen kein anderer Name unter dem Himmel gegeben, durch den wir gerettet werden sollen« (Apg 4,12).

Das Christentum ist eine Religion des Heils, das heißt, um den theologischen Ausdruck zu verwenden, es ist Soteriologie. Die christliche Soteriologie konzentriert sich auf das

Ostergeheimnis. Wenn der Mensch auf die Rettung durch Gott hoffen will, so muß er unter dem Kreuz Christi verharren. Und dann, am Sonntag, der auf den Karsamstag folgt, muß er vor dem leeren Grab stehen und wie die Frauen von Jerusalem hören: »Er ist nicht hier, denn er ist auferstanden« (Mk 28,6). Zwischen dem Kreuz und der Auferstehung steht die Sicherheit, daß Gott den Menschen rettet, daß er ihn rettet durch Christus, durch sein Kreuz und seine Auferstehung.

Der Heilige Vater sieht nicht darüber hinweg, daß wir, das »gemeine Volk«, in der heutigen Kultur Gefahr laufen, nicht einmal mehr die wahre, tiefe Bedeutung der Grundlagen der christlichen Einstellung zu verstehen. Ich frage Sie daher, was das Wort »retten« denn ganz konkret für den Glauben bedeutet? Was ist dieses »Heil«, das, wie Sie wiederholen, das Herz des Christentums darstellt?

Retten heißt: vom Bösen befreien. Es geht hier nicht nur um soziale Übel wie Ungerechtigkeit, Unterdrückung, Ausbeutung; und auch nicht nur um Krankheiten, Katastrophen und alles, was in der Menschheitsgeschichte als Unglück eingestuft wird.

Retten heißt: vom *tief eingewurzelten, endgültigen Bösen* befreien. Dieses Böse ist nicht einmal mehr der Tod. Er ist es dann nicht mehr, wenn auf ihn die Auferstehung folgt. Und die Auferstehung erfolgt durch Christus. *Durch den Erlöser hört der Tod auf ein endgültiges Übel zu sein, weil er der Macht des Lebens unterworfen wurde.*

Die Welt hat keine solche Macht. Die Welt, die ihre therapeutischen Techniken in den verschiedensten Bereichen verbessern kann, hat nicht die Macht, den Menschen vom

Tod zu befreien. Und deshalb kann die Welt für den Menschen keine Quelle des Heils sein. Nur Gott rettet, und er rettet die ganze Menschheit in Christus. Der Name Jesu, Joshua (rettender Gott), selbst spricht von diesem Heil. In der Geschichte haben viele Israeliten diesen Namen getragen, doch scheint es, als habe er nur auf diesen Sohn Israels gewartet, der seine Wahrheit bestätigen sollte: »War es nicht ich, der Herr? Es gibt keinen Gott außer mir; außer mir gibt es keinen gerechten und rettenden Gott« (vgl. Jes 45,21).

Retten heißt: vom *ursprünglichen Bösen* befreien. Dieses Böse ist nicht nur der allmähliche Verfall des Menschen im Laufe der Zeit und sein endgültiger Abstieg in den Tod. Das noch ursprünglichere Böse ist, daß sich Gott dem Menschen verweigert, daß er ihn auf Ewigkeit verdammt als Folge davon, daß der Mensch sich Gott verweigert hat.

Die Verdammnis ist das Gegenteil vom Heil. Beide sind sie verknüpft mit dem Schicksal des Menschen, ewig zu leben. Beide setzen sie die Unsterblichkeit des Menschen voraus. Der zeitliche Tod kann das Schicksal des Menschen, ewig zu leben, nicht zerstören.

Und was ist dieses ewige Leben? Es ist das Glück, das aus der *Einheit mit Gott* kommt. Christus sagt: »Das ist das ewige Leben, dich, den einzigen wahren Gott, zu erkennen und Jesus Christus, den du gesandt hast« (Joh 17,3). Die Einheit mit Gott verwirklicht sich im Anblick des Göttlichen – »von Angesicht zu Angesicht« (1 Kor 13,12). Dieser Anblick wird »Glückseligkeit« genannt, weil er die endgültige Erfüllung des menschlichen Strebens nach Wahrheit in sich trägt. Anstelle der vielen Teilwahrheiten, die der Mensch durch die vorwissenschaftliche und wissenschaftliche Erkenntnis erfahren hat, ermöglicht der Anblick Gottes »von Angesicht zu Angesicht« den Genuß der absoluten Fülle der

Wahrheit. Auf diese Weise geht das menschliche Streben nach Wahrheit endgültig in Erfüllung.

Das Heil ist jedoch noch mehr: Wenn der Mensch Gott von »Angesicht zu Angesicht« kennt, so begegnet er *der absoluten Fülle des Guten*. Die platonische Einsicht von der Idee des Guten hat im Christentum ihre Bestätigung gefunden, die über das Philosophische hinausgeht und endgültig ist. Hier handelt es sich nicht um die Einheit mit der Idee des Guten, sondern um die Einheit mit dem Guten selbst. Gott ist dieses Gute. Dem jungen Mann, der fragte: »Guter Meister, was muß ich tun, um das ewige Leben zu gewinnen?«, antwortete Christus: »Warum nennst du mich gut? Niemand ist gut außer Gott, dem Einen« (Mk 10,17-18).

Wie die Fülle des Guten ist *Gott auch Fülle des Lebens.* Das Leben ist *in Ihm und von Ihm.* Dieses Leben hat weder zeitliche noch räumliche Grenzen. Es ist »ewiges Leben«, Teilhabe am Leben Gottes selbst, und es verwirklicht sich in der ewigen Gemeinschaft mit dem Vater, dem Sohn und dem Heiligen Geist. Das Dogma von der Heiligsten Dreifaltigkeit drückt die Wahrheit über das geheime Leben Gottes aus und lädt ein, sie anzunehmen. In Jesus Christus wird der Mensch zu dieser Teilhabe aufgerufen und zu ihr hingeführt.

Das ewige Leben ist genau dies. Der Tod Christi gibt das Leben, weil er es dem Gläubigen möglich macht, an seiner Auferstehung teilzuhaben. Die Auferstehung selbst ist die Offenbarung des Lebens, die sich über die Schranken des Todes hinweg bestätigt. Noch vor seinem Tod und seiner Auferstehung erweckte Christus Lazarus von den Toten, und ehe er dies tat, hatte er mit dessen Schwestern ein bedeutsames Gespräch. Marta sagt: »Herr, wärst Du hier gewesen, dann wäre mein Bruder nicht gestorben.« Christus antwortet ihr: »Dein Bruder wird auferstehen.« Marta erwidert: »Ich weiß, daß er auferstehen wird bei der Auferstehung am Letzten Tag.« Jesus: »Ich bin die Auferstehung und das Leben . . . Jeder, der lebt und an mich glaubt, wird auf ewig nicht sterben« (Joh 11,21.23-26).

Diese Worte anläßlich der Auferweckung des Lazarus enthalten die Wahrheit über die Auferweckung des Leibes durch Christus. Seine Auferstehung, sein Sieg über den Tod gehen jeden Menschen an. Wir sind aufgerufen zum Heil, das heißt, wir sind aufgerufen zur Teilhabe am Leben, das sich durch die Auferstehung Christi offenbart.

Nach den Worten des hl. Matthäus soll dieser Auferstehung das *Gericht* über die entweder erfüllten oder aber verweigerten Werke der Liebe vorangehen. Durch das Gericht werden die Gerechten zum ewigen Leben bestimmt. Es gibt aber auch die Bestimmung zur ewigen Verdammnis, die nichts anderes ist als das endgültige Sich-Gott-Verweigern, der endgültige Bruch der Gemeinschaft mit dem Vater, dem Sohn und dem Heiligen Geist. *In ihr ist es nicht so sehr Gott, der den Menschen, als vielmehr der Mensch, der Gott zurückweist.*

Die ewige Verdammnis ist im Evangelium sicher angekündigt. Wie sie nun im Leben nach dem Tode verwirklicht wird, bleibt letztendlich ein großes Geheimnis. Wir dürfen jedoch nicht vergessen, daß Gott will, »daß alle Menschen gerettet werden und zur Erkenntnis der Wahrheit gelangen« (1 Tim 2,4).

Das Glück, das der Erkenntnis der Wahrheit entspringt, der Vision Gottes von Angesicht zu Angesicht, der Teilhabe an seinem Leben, dieses Glück kommt dem im Wesen des Menschen verankerten Streben so sehr entgegen, daß die soeben zitierten Worte aus dem ersten Brief an Timotheus vollauf begründet zu sein scheinen: Er, der den Menschen mit einer solchen zutiefst eingeprägten Neigung erschaffen hat, kann sich gar nicht anders verhalten, als im offenbarten Text geschrieben steht – dieser Schöpfer kann gar nicht wollen, daß nicht »alle Menschen gerettet werden und zur Erkenntnis der Wahrheit gelangen«.

Das Christentum ist eine heilbringende, soteriologische Religion. Die Soteriologie ist die des Kreuzes und der Auferstehung. Gott, der will, daß »der Mensch am Leben bleibt« (Ez 18,23), nähert sich ihm durch den Tod des Sohnes, um ihm das Leben zu offenbaren, zu dem er ihn in Gott selbst aufruft. Jeder, der das Heil sucht, nicht nur der Christ, muß vor dem Kreuz Christi verharren.

Wird er die Wahrheit des Ostergeheimnisses Christi anzunehmen verstehen oder nicht? Wird er glauben können? Aber das ist bereits eine andere Frage. *Denn das Geheimnis der Erlösung ist eine bereits vollendete Tatsache.* Gott hat alle Menschen mit dem Kreuz und der Auferstehung seines Sohnes umarmt. Gott umfaßt alle mit dem Leben, das sich im Kreuz und in der Auferstehung offenbart hat und stets von neuem von ihm ausgeht. *Das Ostergeheimnis ist nunmehr in die Geschichte der Menschheit,* in die Geschichte jedes einzelnen *eingeschrieben,* wie es in der Bildrede Jesu nach den Worten des Johannes über den »Weinstock und die Reben« (vgl. Joh 15,1-8) veranschaulicht wird.

Die christliche Soteriologie ist *Soteriologie der Lebensfülle.* Sie ist in der Offenbarung enthüllte Soteriologie nicht nur der Wahrheit, sondern zugleich auch der *Liebe.* In gewissem Sinne ist sie *zuallererst Soteriologie der göttlichen Liebe.*

In der Tat besitzt vor allem die Liebe heilbringende Macht. Nach den Worten des hl. Paulus im Brief an die Korinther ist die heilbringende Macht der Liebe größer als die reine Erkenntnis der Wahrheit: »Für jetzt bleiben Glaube, Hoffnung, Liebe, diese drei; doch am größten unter ihnen ist die Liebe« (1 Kor 13,13). Das Heil durch die Liebe ist zugleich Teilhabe an der Fülle der Wahrheit und auch an der Fülle der Schönheit. All dies ist in Gott. All diese »Schätze des Lebens und der Heiligkeit« (Litanei vom Heiligen Herzen Jesu) hat Gott vor dem Menschen in Jesus Christus geöffnet.

Die Tatsache, daß das Christentum eine soteriologische Religion ist, findet Ausdruck *im sakramentalen Leben der Kirche.* Christus, der gekommen ist, damit »wir das Leben haben und es in Fülle haben« (Joh 10,10), erschließt uns die Quellen dieses Lebens. Er tut es auf ganz besondere Weise durch das Ostergeheimnis des Todes und der Auferstehung. Daran gebunden sind die Sakramente der Taufe und der Eucharistie, die im Menschen den Keim für das ewige Leben schaffen. Im Ostergeheimnis hat Christus die erneuernde Kraft des Sakraments der Versöhnung verankert. Nach der Auferstehung hat er zu den Aposteln gesagt: »Empfanget den Heiligen Geist. Wem ihr die Sünden vergebt, dem sind sie vergeben« (Joh 20,22-23).

Die Tatsache, daß das Christentum eine soteriologische Religion ist, findet vor allem auch im *Kult* ihren Ausdruck. Im Mittelpunkt des ganzen *opus laudis* (Werk des Lobes) steht die Feier der Auferstehung und des Lebens. *Die Ostkirche* hat sich in ihrer Liturgie grundsätzlich auf die Auferstehung konzentriert. *Die Westkirche,* die zwar die Vorrangstellung der Auferstehung beibehält, ist darüber hinausgegangen, in

Richtung der Passion. Die Verehrung des Kreuzes Christi hat die Geschichte der christlichen Frömmigkeit geprägt und die größten Heiligen geleitet, welche die Kirche im Laufe der Jahrhunderte hervorgebracht hat. Sie alle – angefangen bei Paulus – haben sich »des Kreuzes Jesu gerühmt« (vgl. Gal 6,14). Unter ihnen nimmt der hl. Franz von Assisi, aber nicht nur er, eine ganz besondere Stellung ein. Es gibt keine christliche Frömmigkeit ohne Hingabe an die Passion, so wie es auch keine Heiligkeit ohne die Vorrangstellung des Ostergeheimnisses gibt.

Die Ostkirche mißt dem *Fest der Verklärung* große Bedeutung bei. Die orthodoxen Heiligen verleihen vor allem diesem Geheimnis Ausdruck. Die Heiligen der katholischen Kirche, beginnend beim hl. Franz von Assisi, wurden nicht selten stigmatisiert: Sie trugen das leibliche Zeichen ihrer Ähnlichkeit mit Christus in seiner Passion an sich. Auf diese Weise hat sich im Laufe von zweitausend Jahren diese große *Synthese von Leben und Heiligkeit herausgebildet, deren Mittelpunkt stets Christus ist.*

Obschon sich das Christentum und insbesondere das abendländische Christentum am ewigen Leben, an jenem Glück ausrichtet, das in Gott selbst zu finden ist, ist es niemals zu einer Religion geworden, der die Welt gleichgültig ist. Das Christentum war stets *offen für die Welt, ihre Fragen, ihre Sorgen und ihre Erwartungen.* Dies findet in der Konzilskonstitution über die Kirche in der Welt von heute, »*Gaudium et spes«,* besonderen Ausdruck, die der persönlichen Initiative Johannes' XXIII. zu verdanken ist. Kurz vor seinem Tod hat Papst Roncalli noch dafür gesorgt, daß sie als sein persönliches Vermächtnis dem Konzil rechtzeitig zugeleitet worden ist.

Aggiornamento ist nicht nur die Erneuerung der Kirche

selbst, nicht nur die Vereinigung der Christen, damit »die Welt glaube« (Joh 17,21), sondern auch und vor allem Heilshandeln für die Welt. Es ist Heilshandeln, konzentriert auf diese vergängliche Weltform, aber stets orientiert auf die Ewigkeit, die Fülle des Lebens, hin. Die Kirche verliert diese endgültige Fülle, zu der Christus uns hinführt, niemals aus den Augen. In allen Dimensionen des menschlichen Lebens, des zeitlichen Lebens, wird somit die soteriologische Verfassung der Kirche damit bestätigt. Die Kirche ist Leib Christi: der lebendige Leib, der allem Leben gibt.

13
WARUM SO VIELE RELIGIONEN?

Aber wenn Gott im Himmel, der die Welt gerettet hat und immer noch rettet, Einer und nur Einer ist, und wenn er sich in Jesus Christus offenbart hat, warum hat er dann so viele Religionen zugelassen? Warum macht er uns dann inmitten all der vielen Kulte, Glaubensbekenntnisse und Offenbarungen, die schon immer und auch heute noch auf der ganzen Welt bestehen, die Suche nach der Wahrheit so schwer?

Sie sprechen von vielen Religionen. Ich aber möchte versuchen aufzuzeigen, worin für diese Religionen das *gemeinsame Grundelement* und die *gemeinsame Wurzel* besteht.
Das Konzil hat die Beziehungen der Kirche zu den nichtchristlichen Religionen in einem eigenen Dokument definiert, das mit den Worten »*Nostra aetate*« (In unserer Zeit) beginnt. Es ist ein kurzes und doch sehr reichhaltiges Dokument. Es enthält eine authentische Überlieferung der Tradition: Was dort gesagt wird, entspricht dem, was die Kirchenväter seit den frühesten Zeiten gedacht haben.
Die christliche Offenbarung hat bei der Betrachtung der spirituellen Geschichte des Menschen von vornherein in gewisser Weise alle Religionen ins Auge gefaßt und *die Einheit des Menschengeschlechts im Hinblick auf die ewige*

und letzte Bestimmung des Menschen aufgezeigt. Das Konzilsdokument spricht von dieser Einheit, indem es sich dem allgemeinen, für unsere Zeit bezeichnenden Trend anschließt, die Menschheit mit Hilfe der Mittel, über die die heutige Zivilisation verfügt, zusammenzuführen und zu vereinen. Die Kirche betrachtet das Eintreten für diese Einheit als eine ihrer ureigensten Aufgaben:

»Alle Völker sind ja eine einzige Gemeinschaft, sie haben denselben Ursprung, da Gott das ganze Menschengeschlecht auf dem gesamten Erdkreis wohnen ließ; auch haben sie Gott als ein und dasselbe letzte Ziel. Seine Vorsehung, die Bezeugung seiner Güte und seine Heilsratschlüsse erstrecken sich auf alle Menschen . . . *Die Menschen erwarten von den verschiedenen Religionen Antwort auf die ungelösten Rätsel des menschlichen Daseins,* die heute wie von je die Herzen der Menschen im tiefsten bewegen: Was ist der Mensch? Was ist Sinn und Ziel unseres Lebens? Was ist das Gute, was die Sünde? Woher kommt das Leid, und welchen Sinn hat es? Was ist der Weg zum wahren Glück? Was ist der Tod, das Gericht und die Vergeltung nach dem Tode? Und schließlich: Was ist jenes letzte und unsagbare Geheimnis unserer Existenz, aus dem wir kommen und wohin wir gehen?

Von den ältesten Zeiten bis zu unseren Tagen findet sich bei den verschiedenen Völkern eine gewisse Wahrnehmung jener verborgenen Macht, die im Lauf der Welt und in den Ereignissen des menschlichen Lebens gegenwärtig ist, und nicht selten findet sich auch die Anerkenntnis einer höchsten Gottheit oder sogar eines Vaters. Diese Wahrnehmung und Anerkenntnis durchtränkt ihr Leben mit einem tiefen religiösen Sinn. Im Zusammenhang mit dem Fortschreiten der Kultur suchen die Religionen mit genaueren Begriffen und in einer mehr durchgebildeten Sprache Antwort auf die gleichen Fragen« (Nostra aetate 1-2).

Und hiermit führt uns das Konzilsdokument in den *Fernen Osten,* wo die seit den Zeiten der Apostel eingeleitete missionarische Tätigkeit der Kirche zugegebenermaßen nur äußerst bescheidene Früchte getragen hat. Es ist bekannt, daß sich nur ein sehr geringer Prozentsatz der Bevölkerung dieses größten Erdteils zu Christus bekennt.

Dies heißt nicht, daß der missionarische Einsatz der Kirche vernachlässigt wurde. Ganz im Gegenteil: Er war stets intensiv und ist es auch weiterhin. *Und doch bleibt im Orient die Tradition der uralten,* noch vor dem Christentum entstandenen Kulturen *sehr stark.* Wenn auch der Glaube an Christus Zugang zum Herzen und zum Geist findet, so behindert das eher zum Gegenzeugnis gewordene Bild, welches das Leben in den abendländischen, den sogenannten »christlichen« Gesellschaften bietet, wesentlich die Annahme des Evangeliums.

Darauf hat Mahatma Gandhi, der als Inder und Hindu auf seine Art tief nach dem Evangelium gelebt hat und bitter enttäuscht war über die Ausdrucksformen, die das Christentum im politischen und sozialen Leben der Nationen angenommen hat, mehrmals hingewiesen. Konnte denn ein Mann, der für die Befreiung seiner großen Nation aus der kolonialen Abhängigkeit kämpfte, das Christentum ausgerechnet in der ihm von den Kolonialmächten präsentierten Form annehmen?

Das II. Vatikanische Konzil war sich dieser Schwierigkeiten bewußt, und gerade aus diesem Grund ist die Erklärung über die Beziehungen der Kirche zum Hinduismus und zu den anderen Religionen des Fernen Ostens so wichtig. Wir lesen: »So erforschen im *Hinduismus* die Menschen das göttliche Geheimnis und bringen es in einem unerschöpflichen Reichtum von Mythen und in tiefdringenden philosophischen Versuchen zum Ausdruck und suchen durch asketische Lebensformen oder tiefe Meditation oder liebend-vertrauende Zuflucht zu Gott Befreiung von der Enge und Beschränktheit unserer Lage. In den verschiedenen Formen des *Buddhismus* wird das radikale Ungenügen der veränderlichen Welt anerkannt und ein Weg gelehrt, auf dem die Menschen mit frommem und vertrauendem Sinn entweder den Zustand vollkommener Befreiung zu erreichen oder – sei es durch eigene Bemühung, sei es vermittels höherer Hilfe – zur höchsten Erleuchtung zu gelangen vermögen« (Nostra aetate 2).

Das Konzil erinnert außerdem daran, daß *die katholische Kirche »nichts von alledem ablehnt, was in diesen Religionen wahr und heilig ist.* Mit aufrichtigem Respekt betrachtet sie jene Handlungs- und Lebensweisen, jene Vorschriften und Lehren, die zwar in manchem von dem abweichen, was sie selber für wahr hält und lehrt, doch nicht selten *einen Strahl jener Wahrheit erkennen lassen, die alle Menschen erleuchtet.* Unablässig aber verkündet sie und muß sie verkündigen: *Christus ist ›der Weg, die Wahrheit und das Leben‹* (Joh 14,6), in dem die Menschen die Fülle des religiösen Lebens finden, in dem Gott alles mit sich versöhnt hat« (Nostra aetate 2).

Die Worte des Konzils berufen sich auf die schon seit langer Zeit in der Tradition verwurzelte Überzeugung, daß in allen Religionen die sogenannten *semina Verbi* (Samen des Wortes) existieren. Die Kirche ist sich dessen wohl bewußt und möchte die Samen in diesen großen Traditionen des

Fernen Ostens erschließen, um vor dem Hintergrund der Bedürfnisse der heutigen Welt eine Art gemeinsamen Weg zu finden. Wir können behaupten, daß die Haltung des Konzils hier auf einer *wahrhaft weltweiten Sorge* beruht. Die Kirche läßt sich von dem Glauben leiten, daß *der Schöpfergott alle Menschen retten will, in Jesus Christus,* dem einzigen Mittler zwischen Gott und dem Menschen, weil er alle erlöst hat. Auch das Ostergeheimnis steht allen Menschen offen, und in ihm tut sich auch allen der Weg zum ewigen Heil auf.

In einem anderen Abschnitt sagt das Konzil, daß der Heilige Geist auch außerhalb des sichtbaren Organismus der Kirche wirksam tätig ist (vgl. LG 13): auf der Grundlage jener *semina Verbi,* die geradezu *eine gemeinsame soteriologische Wurzel aller Religionen darstellen.*

Davon konnte ich mich anläßlich meiner Besuche in Ländern des *Fernen Ostens* und auch anläßlich meiner Begegnungen mit Vertretern jener Religionen mehrmals überzeugen. Vor allem das historische *Treffen von Assisi* ist erwähnenswert, bei dem wir alle zusammen für den Frieden gebetet haben. Wir sollten uns daher nicht so sehr wundern, daß die Vorsehung eine so große Verschiedenheit an Religionen erlaubt, als vielmehr über die zahlreichen gemeinsamen Elemente staunen, die sich in ihnen wiederfinden.

An diesem Punkt scheint es mir angebracht, an all die *primitiven, »animistischen« Religionen* zu erinnern, welche den Ahnenkult an die erste Stelle setzen. Es scheint, als seien die, die diesen Religionen anhängen, dem Christentum besonders nahe. Mit ihnen findet die missionarische Tätigkeit auch leichter eine gemeinsame Sprache. Liegt in der Ahnen-verehrung vielleicht doch eine gewisse Vorbereitung auf den christlichen Glauben an die Gemeinschaft der Heiligen, für den alle – lebenden oder verstorbenen – Gläubigen eine einzige Gemeinschaft, einen einzigen Leib darstellen? Der Glaube an die Gemeinschaft der Heiligen ist letztendlich der Glaube an Christus, der allein die Quelle des Lebens und der Heiligkeit für alle ist. Es verwundert daher nicht, daß die afrikanischen und asiatischen Animisten relativ leicht zu Bekennern Christi werden, leichter als die Vertre-ter der großen *Religionen des Fernen Ostens.*

Letztere haben nämlich, wie das auch im Konzilstext steht, *Systemcharakter.* Es sind *Kultsysteme und zugleich ethi-sche Systeme,* deren Betonung sehr stark auf der Unter-scheidung des Guten und des Bösen liegt. Zu ihnen gehö-ren mit Sicherheit der chinesische Konfuzianismus und auch der Taoismus: Tao heißt ewige Wahrheit – was an das christliche »Wort« erinnert; es zeigt sich im menschlichen Handeln mittels der Wahrheit und des moralisch Guten. Die Religionen des Fernen Ostens haben in hohem Maße zur Moral- und Kulturgeschichte beigetragen; sie haben in den Bewohnern Chinas, Indiens, Japans, Tibets und auch bei den Völkern Südostasiens sowie den Archipelen des Pazifischen Ozeans das Bewußtsein für nationale Identität geformt.

Einige dieser Völker haben sehr alte Kulturen. So können sich die Eingeborenen Australiens einer mehrere zehntau-send Jahre alten Geschichte rühmen: Ihre ethnische und re-ligiöse Tradition ist älter als die Abrahams und Moses.

Für all diese Völker ist Christus auf die Welt gekommen. Er hat sie alle erlöst und verfügt heute gewiß über seine eige-nen Wege, um in der gegenwärtigen eschatologischen Etappe der Heilsgeschichte jedes dieser Völker zu erreichen. Denn in diesen Regionen nehmen ihn viele Menschen an, und noch mehr Menschen glauben im geheimen an ihn (vgl. Hebr 11,6).

14

BUDDHA?

Bevor ich zu den Monotheismen übergehe, das heißt zu den beiden anderen Religionen, die einen einzigen Gott anbeten – Judentum und Islam –, möchte ich Sie bitten, noch ein wenig beim Buddhismus zu verweilen. Denn er ist eine Heilslehre, die, wie Sie sehr wohl wissen, immer mehr Menschen aus dem Abendland zu faszinieren scheint, sei es nun als »Alternative« zum Christentum oder aber, wenn man an bestimmte asketische und mystische Techniken denkt, als eine Art »Vervollkommnung« desselben.

Ja, Sie haben recht, und ich danke Ihnen für diese Frage. Unter den in *»Nostra actate«* angesprochenen Religionen verdient der *Buddhismus* eine besondere Aufmerksamkeit, da er in gewisser Hinsicht, wie das Christentum, eine Heilsreligion ist. Doch muß sogleich hinzugefügt werden, daß die Soteriologien des Buddhismus und des Christentums sozusagen gegensätzlich sind.

Im Abendland ist die Gestalt des *Dalai-Lama* sehr bekannt, des geistlichen Oberhaupts der Tibetaner. Auch ich habe ihn einige Male getroffen. Er bringt den Menschen des christlichen Abendlandes den Buddhismus näher und erweckt Interesse sowohl wegen der buddhistischen Spiritualität als auch wegen seiner Gebetsmethoden. Ich hatte auch Gelegenheit, den buddhistischen »Patriarchen« von Bangkok in Thailand zu treffen; und unter den Mönchen, die ihn umgaben, waren beispielsweise auch einige aus den USA. Heute begegnen wir *einer gewissen Ausbreitung des Buddhismus im Abendland.*

Die *Soteriologie des Buddhismus* stellt den Mittelpunkt, oder besser noch: den einzigen Punkt, dieses Systems dar. Wie dem auch sei, die buddhistische Tradition und auch die von ihr ausgehenden Methoden kennen eine fast ausschließlich *negative Soteriologie.*

Die »Erleuchtung des Buddha« beschränkt sich auf die Überzeugung, daß die Welt schlecht und für den Menschen Quelle des Bösen und des Leids sei. Um sich von diesen Übeln zu befreien, muß man sich von der Welt befreien; man muß die Bande zerreißen, die uns mit der äußeren Wirklichkeit vereinen: die also in unserem Menschsein selbst, in unserer Psyche und unserem Körper verankert sind. Je mehr wir uns von diesen Banden befreien, um so gleichgültiger stehen wir den Dingen dieser Welt gegenüber und um so mehr befreien wir uns vom Leid bzw. vom Bösen, das von der Welt ausgeht.

Kommen wir damit Gott näher? Hiervon spricht die von Buddha erfahrene »Erleuchtung« nicht. Der Buddhismus ist in erheblichem Maß ein *»atheistisches« System.* Wir befreien uns vom Bösen nicht durch das Gute, das von Gott kommt; wir befreien uns nur dadurch, daß wir zur Welt, die böse ist, auf Distanz gehen. Die Fülle eines solchen Abstandnehmens ist nicht die Einheit mit Gott, sondern das sogenannte Nirwana, ein Zustand völliger Indifferenz gegenüber der Welt. *Sich retten* heißt vor allem: sich vom Bösen befreien, *der Welt gegenüber gleichgültig werden, da sie die Quelle des Bösen ist.* Darin gipfelt der spirituelle Prozeß.

Zuweilen wird der Versuch unternommen, eine Verbindung zu den *christlichen Mystikern* herzustellen: sowohl zu den mitteleuropäischen (Eckhart, Tauler, Seuse, Ruysbroeck) als auch zu den zeitlich etwas späteren spanischen (hl. Teresa von Avila, hl. Johannes vom Kreuz). Doch wenn der hl. Johannes vom Kreuz in seinem *»Aufstieg zum Berg Karmel«* und in seiner Schrift *»Die dunkle Nacht«* von der Notwendigkeit der Reinigung, der Abkehr von der Welt der Sinne, spricht, so begreift er diesen Abstand nicht als Selbstzweck: »Um zu dem zu gelangen, dessen du dich jetzt nicht erfreust, mußt du das durchleben, dessen du dich nicht erfreust. Um zu dem zu gelangen, was du nicht weißt, mußt du das durchleben, was du nicht weißt. Um zum Besitz dessen zu gelangen, was du nicht hast, mußt du durchleben, daß du jetzt nichts hast« (Aufstieg zum Berg Karmel, I, 13,11; Eigenübersetzung).
Die klassischen Texte des hl. Johannes vom Kreuz werden in Ostasien als Bestätigung der asketischen Lebensformen angesehen, die dem Orient zu eigen sind. Doch begnügt sich der Kirchenlehrer nicht mit dem Vorschlag, Abstand zur Welt zu halten. Er schlägt vor, eine Abkehr von der Welt zu vollziehen, um die Einheit mit dem zu ermöglichen, was außerhalb der Welt ist: Und dabei handelt es sich eben nicht um das Nirwana, sondern um einen personalen Gott. Die Einheit mit ihm verwirklicht sich nicht auf dem Weg der Reinigung, sondern durch die Liebe.
Die Mystik der Karmeliten setzt da an, wo die Reflexionen Buddhas und seine Hinweise für das geistliche Leben auf-

111

hören. In der aktiven und passiven Reinigung der menschlichen Seele, in jenen ganz besonderen Nächten der Sinne und des Geistes, sieht Johannes vom Kreuz vor allem die Vorbereitung, die notwendig ist, damit die menschliche Seele von der lebendigen Flamme der Liebe durchdrungen werden kann. Und so lautet auch der Titel seines Hauptwerkes »*Die lebendige Flamme der Liebe*«.

Daher besteht trotz so mancher Übereinstimmung ein wesentlicher Unterschied. Die *christliche Mystik* aller Zeiten – angefangen bei den Vätern der Ost- wie der Westkirche, über die großen Theologen der Scholastik, wie Thomas von Aquin, und die mitteleuropäischen Mystiker bis hin zu den Karmeliten – entsteht nicht aus einer rein negativen »Erleuchtung«, die dem Menschen das Böse bewußt werden läßt, das aus seinem Festhalten an der Welt mittels der Sinne, des Intellekts und des Geistes hervorgeht, sondern sie entsteht aus der *Offenbarung des lebendigen Gottes.* Dieser Gott öffnet sich für die Einheit mit dem Menschen und erweckt im Menschen die Fähigkeit, sich mit ihm zu vereinen: insbesondere mittels der theologischen Tugenden, durch den Glauben, die Hoffnung und vor allem die Liebe.

Die christliche Mystik aller Jahrhunderte bis hin in unsere Zeit – aber auch die Mystik so wunderbarer Menschen der Tat wie Vinzenz von Paul, Johannes Bosco und Maximilian Kolbe etwa – hat das Christentum geprägt und prägt weiterhin auch das, was seine wesentlichsten Merkmale ausmacht. Sie bestimmt die Kirche als Gemeinschaft des Glaubens, der Hoffnung und der Liebe. Sie baut die Zivilisation auf, vor allem jene »westliche Zivilisation«, für die *ein positiver Bezug zur Welt kennzeichnend* ist und die sich dank der Ergebnisse von Wissenschaft und Technik – den beiden sowohl in der philosophischen Tradition des alten Grie-

112

chenland als auch in der jüdisch-christlichen Offenbarung wurzelnden Wissenszweigen – entwickelt hat. Die Wahrheit über Gott, den Schöpfer der Welt, und über Christus, ihren Erlöser, ist eine mächtige Kraft, die zu einer positiven Haltung gegenüber der Schöpfung anregt und auch dazu drängt, sich für ihre Wandlung und Vervollkommnung einzusetzen.

Das II. Vatikanische Konzil hat diese Wahrheit weitgehend bestätigt: Mit einer negativen Einstellung gegenüber der Welt Nachsicht zu haben in der Überzeugung, daß die Welt für den Menschen nur eine Quelle des Leids ist und daß man sich daher von ihr abwenden soll – diese Haltung ist nicht nur aufgrund ihrer Einseitigkeit negativ, sondern auch, weil sie grundsätzlich der Entwicklung des Menschen und der Entwicklung der Welt entgegensteht, die der Schöpfer dem Menschen geschenkt und ihm als Aufgabe anvertraut hat.

Wir lesen in »*Gaudium et spes*«: »Vor seinen (des Konzils) Augen steht also *die Welt der Menschen, das heißt die ganze Menschheitsfamilie* mit der Gesamtheit der Wirklichkeiten, in denen sie lebt; die Welt, der Schauplatz der Geschichte der Menschheit, von ihren Unternehmungen, Niederlagen und Siegen geprägt; die Welt, die nach dem Glauben der Christen durch die Liebe des Schöpfers begründet ist und erhalten wird; die unter die Knechtschaft der Sünde geraten, von Christus aber, dem Gekreuzigten und Auferstandenen, durch Brechung der Herrschaft des Bösen befreit wurde; *bestimmt, umgestaltet zu werden nach Gottes Heilsratschluß und zur Vollendung zu kommen*« (Nr. 2).

Diese Worte zeigen uns, wie das Weltverständnis der Religionen des Fernen Ostens, insbesondere des Buddhismus, von dem des Christentums wesentlich verschieden ist. Für den Christen ist die Welt nämlich ein Geschöpf Gottes, das

113

von Christus erlöst wurde. In der Welt begegnet der Mensch Gott: Er braucht daher keine so absolute Abwendung, um sich selbst in der Tiefe seines innersten Geheimnisses wiederzufinden. Für das Christentum macht es keinen Sinn, von der Welt als »ursprünglich« Bösem zu sprechen, da an ihrem Anfang der Schöpfergott steht, der seine eigene Schöpfung liebt, ein Gott, »der die Welt so sehr geliebt hat, daß er seinen einzigen Sohn hingab, damit jeder, der an ihn glaubt, nicht zugrunde geht, sondern das ewige Leben hat« (Joh 3,16).

Es ist daher nicht falsch, jene Christen *zu warnen, die* voller Begeisterung auf gewisse Angebote, beispielsweise *Techniken und Methoden der Meditation und der Askese, eingehen, die den religiösen Traditionen des Fernen Ostens entstammen.* In gewissen Kreisen sind diese zu einer Art Mode geworden, die auf recht unkritische Weise angenommen wird. Zuerst sollte man das eigene geistige Erbe kennen und darüber nachdenken, ob man es tatsächlich leichten Herzens beiseite schieben darf.

An dieser Stelle ist es notwendig, auf das kurze und doch so wichtige Dokument der Kongregation für die Glaubenslehre »Über einige Aspekte der christlichen Meditation« (15.10.1989) Bezug zu nehmen. Hier wird nämlich ganz präzise auf die Frage geantwortet, ob und wie das christliche Gebet »mit Meditationsformen angereichert« werden kann, die in einem anderen religiösen und kulturellen Umfeld entstanden sind (Nr. 3).

Ein eigenständiges Problem *ist das Wiederaufleben der alten gnostischen Ideen in der Form des sogenannten New Age.* Man darf sich nicht vortäuschen, daß dies zu einer religiösen Erneuerung führen kann. Es ist nur eine neue Weise, die Gnosis zu praktizieren, das heißt jene Geisteshaltung, die im Namen einer tiefen Gotteserkenntnis das Wort Gottes letztlich umkehrt und durch rein menschliche Worte ersetzt. Die Gnosis hat sich nie vom Terrain des Christentums zurückgezogen, sondern stets neben ihm existiert: entweder als philosophische Strömung oder, häufiger noch, als religiöse oder parareligiöse Zwischenform in entschiedenem, wenn auch nicht erklärtem Gegensatz zu dem, was wesentlich christlich ist.

Ganz anders dürfte unsere Unterhaltung verlaufen, wenn wir uns nun den Synagogen und Moscheen zuwenden, wo sich all jene versammeln, die den alleinigen, einzigen Gott anbeten.

Mit Sicherheit. Wir müssen ganz anders sprechen, wenn es um *die großen monotheistischen Religionen* geht, angefangen beim *Islam*. Dazu heißt es in der bereits mehrfach erwähnten Konzilserklärung *»Nostra aetate«:* »Mit Hochachtung betrachtet die Kirche auch die Muslim, die den alleinigen Gott anbeten, den lebendigen und in sich seienden, barmherzigen und allmächtigen, den Schöpfer des Himmels und der Erde« (Nr. 3). Dank ihres Monotheismus sind uns die, die an Allah glauben, ganz besonders nahe.

Ich erinnere mich an ein Erlebnis aus meiner Jugendzeit: Wir besichtigten im Kloster San Marco in Florenz die Fresken von Fra Angelico. Auf einmal schloß sich uns ein Mann an, der die Bewunderung für die Meisterschaft dieses großen geistlichen Künstlers mit uns teilte, aber hinzufügte: »Doch ist nichts vergleichbar mit unserem wundervollen moslemischen Monotheismus.« Diese Erklärung hinderte uns nicht daran, die Besichtigung und das Gespräch in freundschaftlichem Ton fortzuführen. Dieses Erlebnis war für mich förmlich wie ein Vorgeschmack auf den Dialog zwischen Christentum und Islam, den man in der nachkonziliaren Zeit systematisch zu entwickeln versucht.

Wer das Alte und das Neue Testament kennt und den Koran liest, sieht klar, daß sich hier ein *Prozeß der Einschränkung der Göttlichen Offenbarung vollzogen hat.* Man kann nicht umhin, sich der Entfernung bewußt zu werden von dem, was Gott zuerst im Alten Testament durch die Propheten und dann, definitiv, im Neuen Testament durch seinen Sohn gesagt hat. Dieser ganze Reichtum der Selbstoffenbarung Gottes, der das Erbe des Alten und des Neuen Testaments ausmacht, wurde im Islam hintangestellt.

Dem Gott des Koran werden die schönsten Namen verliehen, über die die menschliche Sprache verfügt, doch ist er letzten Endes ein Gott, der außerhalb der Welt steht, ein Gott, *der nur Herrlichkeit, aber nie Emmanuel,* der Gott-mit-uns, ist. *Der Islam ist keine Religion der Erlösung.* Er hat keinen Platz für das Kreuz und die Auferstehung. Jesus wird zwar erwähnt, aber nur als Prophet, der Mohammed, dem letzten Propheten, den Weg bereitet. Es wird auch an Maria, seine jungfräuliche Mutter, erinnert, doch wird das Drama der Erlösung vollständig weggelassen. Daher ist nicht nur die Theologie, sondern auch die Anthropologie des Islam sehr weit entfernt von der christlichen.

Dennoch *verdient die Frömmigkeit der Muslime Hochachtung.* Wir müssen beispielsweise ihre *Treue zum Gebet* bewundern. Das Bild des Menschen, der an Allah glaubt und ohne Rücksicht auf Zeit und Ort niederkniet und im Gebet versinkt, kann allen ein Vorbild sein, die den wahren Gott bekennen – insbesondere jenen Christen, die ihren wunderschönen Kathedralen fernbleiben und wenig oder überhaupt nicht beten.

Das Konzil hat die Kirche auch zum Dialog mit den Anhängern des »Propheten« aufgerufen, und die Kirche folgt diesem Weg. Wir lesen in der Erklärung »*Nostra aetate*«: »Da es jedoch im Lauf der Jahrhunderte zu manchen Zwistigkeiten und Feindschaften zwischen Christen und Muslimen kam, ermahnt die Heilige Synode alle, das Vergangene beiseite zu lassen, sich aufrichtig um gegenseitiges Verstehen zu bemühen und gemeinsam einzutreten für Schutz und Förderung der sozialen Gerechtigkeit, der sittlichen Güter und nicht zuletzt des Friedens und der Freiheit für alle Menschen« (Nr. 3).

Eine große Rolle haben diesbezüglich, wie ich bereits angedeutet habe, die Gebetstreffen von Assisi (und vor allem 1993 das Gebet für den Frieden in Bosnien) gespielt. Wichtig waren aber auch die Begegnungen mit den Anhängern des Islam auf meinen zahlreichen apostolischen Reisen nach Afrika oder Asien, wo in bestimmten Ländern die Muslime in der Mehrheit sind: Ungeachtet dessen wurde der Papst äußerst gastfreundlich empfangen, und ebenso wohlwollend wurde ihm Gehör geschenkt.

Der auf Einladung von König Hassan II. erfolgte Besuch in Marokko kann zweifellos als historisches Ereignis gewertet werden. Es handelte sich nämlich nicht nur um einen Höflichkeitsbesuch, sondern um einen wirklichen Pastoralbesuch.

Unvergeßlich bleibt mir die Begegnung mit der Jugend im Stadion von Casablanca (1985). Besonders beeindruckend war die Aufgeschlossenheit der Jugendlichen für das Wort des Papstes, als er den Glauben an den *Einen Gott* veranschaulichte. Dies war gewiß ein noch nie dagewesenes Ereignis.

Es mangelt allerdings auch nicht an sehr konkreten Schwierigkeiten. In den Ländern, wo *fundamentalistische Strömungen* an die Macht kommen, werden die Menschenrechte und das Prinzip der religiösen Freiheit leider sehr einseitig ausgelegt: Die Religionsfreiheit wird als Freiheit verstanden, allen Einwohnern die »wahre Religion« aufzuerlegen. Die Lage der Christen ist in diesen Ländern nicht selten sogar als bedrohlich zu bezeichnen. Solcherart fundamentalistische Einstellungen gestalten die gegenseitigen Kontakte außerordentlich schwierig. Dennoch bleibt die Kirche unverändert offen für Dialog und Zusammenarbeit.

16

DIE SYNAGOGE VON WADOWICE

Heiligkeit, nun möchten Sie gewiß über Israel sprechen.

So ist es. Inmitten der überraschenden Vielzahl an Religionen, die sich fast wie konzentrische Kreise zueinander verhalten, gelangen wir nun zu der Religion, die uns am nächsten steht: zur Religion des Gottesvolkes des Alten Bundes. Die Worte in »*Nostra aetate*« stellen einen Wendepunkt dar. Das Konzil sagt: »So anerkennt die Kirche Christi, daß nach dem Heilsgeheimnis Gottes die Anfänge ihres Glaubens und ihrer Erwählung sich schon bei den Patriarchen, bei Moses und den Propheten finden . . . Deshalb kann die Kirche auch nicht vergessen, daß sie durch jenes Volk, mit dem Gott aus unsagbarem Erbarmen den Alten Bund geschlossen hat, die Offenbarung des Alten Testamentes empfing und genährt wird von der Wurzel des guten Ölbaums, in den die Heiden als wilde Sprößlinge eingepfropft sind . . . Da also das Christen und Juden gemeinsame geistliche Erbe so reich ist, will die Heilige Synode die gegenseitige Kenntnis und Achtung fördern, die vor allem die Frucht biblischer und theologischer Studien sowie des brüderlichen Gesprächs ist« (Nr. 4).

Hinter den Worten der Erklärung des Konzils steht die Erfahrung vieler Menschen, sowohl von Juden als auch Christen. Hinter diesen Worten steht auch *meine persönliche Erfahrung* aus den allerersten Jahren meines Lebens in meiner Geburtsstadt.

Ich erinnere mich vor allem an die Grundschule in Wadowice, wo mindestens ein Viertel der Schüler meiner Klasse Juden waren. Und zu erwähnen wäre da auch meine damalige Freundschaft mit Jerzy Kluger, einem dieser Jungen, die bis heute anhält. Ich habe immer noch das Bild vor Augen, wie sich die Juden jeden Samstag in die hinter unserem Gymnasium gelegene Synagoge begaben. Beide Religionsgruppen, Katholiken und Juden, bildeten eine Einheit, und dies, so vermute ich, deswegen, weil sie sich bewußt waren, denselben Gott anzubeten. Trotz der sprachlichen Unterschiede beruhten die Gebete in der Kirche und in der Synagoge in hohem Maße auf denselben Texten.

Dann kam der Zweite Weltkrieg mit den Konzentrationslagern und der systematisch geplanten Menschenvernichtung. Als erste hatten dies die Söhne und Töchter der jüdischen Volksgruppe zu erleiden, und zwar nur deshalb, weil sie Juden waren. Wer immer damals in Polen wohnte, kam, wenn auch nur indirekt, mit diesem Geschehen in Berührung.

Das war somit auch meine persönliche Erfahrung, eine Erfahrung, die ich heute noch in mir trage. Auschwitz, das vermutlich aussagekräftigste Symbol für den *Holocaust des jüdischen Volkes,* zeigt, wie weit ein auf Rassenhaß und Herrschsucht gründendes System gelangen kann. Auschwitz hört nicht auf, ein Mahnmal zu sein, auch in unseren Tagen nicht! Es erinnert daran, daß *Antisemitismus eine große Sünde an der Menschheit* ist; daß jeder Rassenhaß unweigerlich zur Unterdrückung der menschlichen Würde führt.

Ich möchte zur Synagoge von Wadowice zurückkehren. Sie wurde von den Deutschen zerstört und existiert heute nicht mehr. Vor einigen Jahren kam Jerzy zu mir, um mir zu sagen, daß die Stelle, an der sich die Synagoge befand, mit einem Gedenkstein geehrt werden sollte. Ich muß zugeben, daß wir beide in diesem Moment tief bewegt waren. Vor uns tauchten Bilder der uns vertrauten und lieben Menschen wieder auf, und wir erinnerten uns an die Samstage unserer Kindheit und Jugend, als sich die jüdische Gemeinde von Wadowice zum Gebet begab. Ich versprach Jerzy, daß ich als Zeichen meiner Solidarität und geistigen Gemeinschaft mit diesem wichtigen Ereignis gern ein persönliches Wort schreiben würde. Und so geschah es. Jerzy selbst brachte meinen Mitbürgern den Inhalt dieses Briefes zur Kenntnis. Diese Reise kostete ihn viel. Seine ganze Familie, die damals in Wadowice zurückgeblieben war, war nämlich in Auschwitz umgekommen, und der Besuch in Wadowice anläßlich der Einweihung des Gedenksteins für die dortige Synagoge war für ihn der erste nach fünfzig Jahren.

Hinter den Worten von »*Nostra aetate*« steht, wie ich gesagt habe, die Erfahrung vieler. Ich möchte mich nun der Zeit *meiner pastoralen Tätigkeit in Krakau* zuwenden. In Krakau und vor allem im Stadtviertel Kazimierz sind immer noch viele Spuren der jüdischen Kultur und Tradition vorhanden. In Kazimierz gab es vor dem Krieg einige Dutzend Synagogen, die teilweise große Kulturdenkmäler waren. Als Erzbischof von Krakau pflegte ich intensive Kontakte zur jüdischen Gemeinde. Außerordentlich herzliche Beziehungen verbanden mich mit ihrem Oberhaupt, und sie bestehen auch nach meinem Wechsel nach Rom weiter.

Auf dem Stuhl Petri bewahre ich somit in meiner Seele das weiter, was sehr tief in meinem Leben verwurzelt ist. Anläßlich meiner apostolischen Reisen bin ich stets bemüht, auch die Vertreter der jüdischen Gemeinde zu treffen. Doch ein völlig außergewöhnliches Erlebnis war für mich zweifellos *der Besuch der römischen Synagoge.*

Die Geschichte der Juden in Rom ist ein eigenes Kapitel in der Geschichte dieses Volkes, die im übrigen eng mit der Apostelgeschichte verknüpft ist. Bei diesem denkwürdigen Besuch bezeichnete ich die Juden *als ältere Brüder im Glauben.* Dies sind Worte, die in Wirklichkeit zusammenfassen, was das Konzil gesagt hat, und sie wurden aus tiefer christlicher Überzeugung heraus gesprochen. Das II. Vatikanum hat sich diesbezüglich nicht weiter ausgelassen, doch decken seine Aussagen eine unermeßliche, nicht nur religiöse, sondern auch kulturelle Wirklichkeit ab.

Dieses außergewöhnliche Volk trägt weiterhin die Zeichen der göttlichen Erwählung in sich. Dies sagte ich einmal einem israelischen Politiker, der gern damit einverstanden war. Er fügte nur hinzu: *»Wenn dies bloß weniger kosten würde . . .«* Israel hat für seine »Erwählung« fürwahr einen hohen Preis bezahlt. Und vielleicht ist es hierdurch dem Menschensohn ähnlicher geworden, der dem Fleische nach ein Sohn Israels war: Der zweitausendste Jahrestag seiner Ankunft auf Erden wird auch für die Juden ein Fest sein.

Ich freue mich, daß mein Dienst auf dem Stuhl Petri in die nachkonziliare Zeit fällt, in der die Inspiration, welche die Konstitution *»Nostra aetate«* trägt, konkrete Formen annimmt. Auf diese Weise findet eine Annäherung zwischen diesen beiden großen Teilen der göttlichen Erwählung, zwischen dem Alten und dem Neuen Bund, statt.

Der Neue Bund wurzelt im Alten Bund. Wann sich das Volk des Alten Bundes in dem des Neuen zu erkennen vermag, bleibt natürlich dem Heiligen Geist überlassen. Wir Menschen sind nur darum bemüht, »keine Hindernisse in den Weg zu legen«. Eine Möglichkeit, »keine Hindernisse in den Weg zu legen«, ist gewiß der *christlich-jüdische Dialog,* den von seiten der Kirche der Päpstliche Rat für die Einheit der Christen führt.

Ich freue mich außerdem darüber, daß als Ergebnis des im Nahen Osten in Gang gekommenen Friedensprozesses, über Vorbehalte und Hindernisse hinweg, auch auf Initiative des Staates Israel die Aufnahme *diplomatischer Beziehungen zwischen dem Apostolischen Stuhl und Israel möglich geworden ist.* Was die Anerkennung des Staates Israel betrifft, hatte ich, dies muß betont werden, niemals Bedenken.

Nach meiner Begegnung mit der jüdischen Gemeinde sagte einer der Anwesenden: »Ich möchte dem Papst für all das danken, was die katholische Kirche im Laufe dieser beiden Jahrtausende zur Erkenntnis des wahren Gottes getan hat.« Diese Worte machen indirekt verständlich, wie der Neue Bund der Vollendung dessen dient, was seine Wurzeln hat in der Berufung Abrahams, in dem mit Israel geschlossenen Bund vom Sinai und in all dem reichen Erbe der durch Gott inspirierten Propheten, die bereits Hunderte von Jahren vor der Vollendung in den Heiligen Schriften den gegenwärtig machten, den Gott senden würde, sobald »die Zeit erfüllt war« (Gal 4,4).

124

17

Als Minderheit

dem Jahr 2000 entgegen

Verzeihung, Heiliger Vater, doch zu meiner Rolle gehört auch ein Stück respektvoller »Provokation« im Hinblick auf Fragen, wie sie – mit gewisser Besorgnis – auch von Katholiken gestellt werden.

Mir ist aufgefallen, daß Sie mehrmals auf das herannahende dritte Jahrtausend des Zeitalters der Erlösung aufmerksam gemacht haben und sich dabei der symbolischen Bedeutung dieses Ereignisses durchaus bewußt sind. Nun haben statistische Berechnungen ergeben, daß die Muslime ausgerechnet um das Jahr 2000 die Zahl der Katholiken erstmals übersteigen werden. Bereits jetzt sind die Hindus zahlreicher als die Protestanten und die griechisch- bzw. russisch-orthodoxen Christen zusammen. Auf Ihren apostolischen Reisen durch die Welt besuchen Sie häufig Gebiete, in denen die Christen und vor allem die Katholiken eine verschwindende und zuweilen rückläufige Minderheit sind.

Was empfinden Sie angesichts dieser Sachlage, wie sie sich nach zwanzig Jahrhunderten Evangelisierung darbietet? Welcher rätselhafte göttliche Plan liegt darin verborgen?

Ich denke, daß die von Ihnen angedeutete Sicht der Dinge aus einer vereinfachten Interpretation des Grundproblems herrührt. Dieses liegt, wie ich bereits darzulegen versucht habe, in Wirklichkeit viel tiefer. Darauf ist keine Statistik mehr anwendbar: *Die hier angesprochenen Werte lassen sich nämlich nicht in Zahlen ausdrücken.*

In Wahrheit kann dazu auch die ansonsten sehr nützliche Religionssoziologie nicht viel beitragen. Die von ihr angebotenen Maßstäbe sind nicht dienlich, wenn man damit die innere Haltung der Menschen ergründen will. Quantitativ, beispielsweise allein anhand der Häufigkeit der Teilnahme an den religiösen Riten, läßt sich der Glaube nicht erfassen. *Keine Statistik* trifft den Kern dieses Problems. *Bloße Zahlen reichen da nicht aus.*

In Ihrer, wie Sie präzisiert haben, »provokanten« Frage wird das Problem folgendermaßen angegangen: Zählen wir einmal, wie viele Muslime oder Hindus es auf der Welt gibt, *zählen wir einmal, wie viele Katholiken* oder Christen allgemein es gibt, so werden wir Antwort darauf bekommen, welche Religion die meisten Anhänger hat, *welche eine Zukunft vor sich hat* und welche hingegen nur der Vergangenheit anzugehören scheint oder sich in einem systematischen Zerfallsprozeß beziehungsweise im Niedergang befindet.

Tatsächlich ist das Problem vom Standpunkt des Evangeliums aus ein ganz anderes. Christus sagt: *»Fürchte dich nicht, du kleine Herde!* Denn euer Vater hat beschlossen, euch das Reich zu geben« (Lk 12,32). Ich meine, daß diese Worte die bestmögliche Antwort auf die Probleme sind, die manchen Menschen Sorgen bereiten und die auch in Ihrer Frage Ausdruck finden. Jesus geht noch weiter, wenn er fragt: »Wird jedoch der Menschensohn, wenn er kommt, auf der Erde (noch) Glauben vorfinden?« (vgl. Lk 18,8) Sowohl diese Frage als auch die vorhergehende Äußerung über die kleine Herde weisen hin auf den profunden Realismus Jesu in bezug auf seine Apostel. *Er bereitete sie nicht auf leichte Erfolge vor.* Er sprach klar; er sprach von Verfolgungen, welche auf alle warteten, die sich zu ihm bekannten. *Gleichzeitig stellte er die Gewißheit des Glaubens in den Raum:* »Der Vater hat beschlossen«, den zwölf Männern aus Galiläa, und durch sie der ganzen Menschheit, »das Reich zu geben.« Er warnte sie im voraus, daß auf dem Weg der Sendung, zu der er sie führte, Widerspruch und Verfolgung auf sie warteten, weil er selbst verfolgt worden war: »Wenn sie mich verfolgt haben, werden sie auch euch verfolgen«; und sogleich fügte er hinzu: »Wenn sie an meinem Wort festgehalten haben, werden sie auch an eurem Wort festhalten« (Joh 15,20).

Seit meiner Kindheit spüre ich, daß diese Worte das Wesen des Evangeliums beinhalten. *Das Evangelium verspricht keinen leichten Erfolg.* Es verspricht niemandem ein bequemes Leben. Es stellt Ansprüche. Doch gleichzeitig ist es eine *große Verheißung:* die Verheißung des ewigen Lebens für den Menschen, der dem Gesetz des Todes unterliegt; es ist die Verheißung des Sieges durch den Glauben, die an den Menschen gerichtet ist, dem so viele Niederlagen drohen.
Das Evangelium enthält ein *grundlegendes Paradoxon.* Um das Leben zu finden, muß man das Leben verlieren; um geboren zu werden, muß man sterben; um sich zu retten, muß man das Kreuz auf sich nehmen. Dies ist die wesentliche Wahrheit des Evangeliums, die immer und überall auf den Protest des Menschen stoßen wird.
Immer und überall wird das Evangelium eine Herausforderung an die menschliche Schwäche sein. Doch gerade in dieser Herausforderung liegt seine Stärke. Der Mensch hegt vielleicht in seinem Unterbewußtsein die Erwartung einer

solchen Herausforderung, denn er hat das Bedürfnis, *sich selbst zu überwinden.* Nur wenn er sich selbst überwindet, ist der Mensch wirklich Mensch (vgl. Blaise Pascal, *Pensées,* ed. Brunschvicg, Nr. 434: »apprenez que l'homme passe infiniment l'homme«).

Dies ist die tiefste Wahrheit über den Menschen. *Christus kennt sie als erster.* Er weiß wirklich, »was im Menschen ist« (Joh 2,25). Mit seinem Evangelium hat er die geheime Wahrheit des Menschen berührt. Er hat sie zuallererst mit seinem Kreuz berührt. Pilatus, der nach der Geißelung auf den dornengekrönten Mann aus Nazaret zeigte und sagte: »Seht, da ist der Mensch« (Joh 19,5), wußte nicht, daß er eine grundlegende Wahrheit verkündete, daß er das zum Ausdruck brachte, was immer und überall der Inhalt der Evangelisierung bleibt.

18

DIE HERAUSFORDERUNG DER ERNEUTEN VERKÜNDIGUNG

Ich möchte Sie bitten, noch einmal auf den zuletzt genannten Punkt einzugehen, der in Ihrer Lehre und in den an die Gläubigen gerichteten Schreiben immer wieder auftaucht »Evangelisierung« (oder besser »Neu-Evangelisierung«). Am Ende des 20. Jahrhunderts scheint sie für den Papst die wichtigste – und vordringlichste – Aufgabe eines Christen zu sein.

Der Ruf nach einem großen Aufbruch der *Evangelisierung* kehrt im heutigen Leben der Kirche tatsächlich auf verschiedene Weise wieder. Doch hat sie in Wahrheit niemals aufgehört: »Wehe mir, wenn ich das Evangelium nicht verkünde!« (1 Kor 9,16) Dieser Ausruf des Paulus von Tarsos war zu allen Zeiten der Kirchengeschichte gültig. Er selbst, der bekehrte Pharisäer, fühlte sich unermüdlich von jenem »Wehe mir!« angetrieben. Die Welt des Mittelmeerraumes vernahm in seinen Worten die Frohbotschaft des Heils in Jesus Christus. Und diese Welt begann über die Bedeutung dieser Botschaft nachzudenken. Viele folgten dem Apostel nach. Man sollte niemals den geheimnisvollen Ruf vergessen, der den hl. Paulus dazu veranlaßte, die Grenze zwischen Kleinasien und Europa zu überschreiten (vgl. Apg

16,9-10). Das war der Anfang *der ersten Evangelisierung Europas*. Die Begegnung des Evangeliums mit der hellenistischen Welt erwies sich als sehr fruchtbar. Von den Zuhörern, die Paulus um sich zu versammeln vermochte, verdienen jene besondere Aufmerksamkeit, die auf den Areopag von Athen kamen, um ihn zu hören. Man müßte nun die *Ansprache des hl. Paulus auf dem Areopag* analysieren: Sie ist fürwahr ein Meisterwerk! Das, was der Apostel sagt und wie er es sagt, beweist, welch ein Genie der Verkündigung er war. Wir wissen, daß dieser Tag in einem Fehlschlag endete. Solange Paulus vom unbekannten Gott sprach, folgten ihm die Zuhörer, weil sie in seinen Worten Dinge vernahmen, die ihrer Frömmigkeit entsprachen. Doch als er die Auferstehung erwähnte, reagierten sie sogleich mit Protest. Da begriff der Apostel, daß das Heilsmysterium in Christus Mühe haben würde, sich einen Weg in den Geist der Griechen zu bahnen; sie waren an Mythologie und verschiedene Formen philosophischer Spekulation gewöhnt. Doch gab Paulus nicht auf. Nach seiner Niederlage in Athen begann er mit *heiliger Starrköpfigkeit* von neuem, allen Geschöpfen das Evangelium zu verkünden. Dieser heilige Eigensinn führte ihn schließlich nach Rom, wo er den Tod fand.

Auf diese Weise wurde das Evangelium aus dem eng begrenzten Gebiet von Jerusalem und Palästina hinausgetragen und nahm seinen Weg bis in die *äußersten Winkel der damaligen Welt*. Was Paulus mit lauter Stimme verkündet hat, das bestätigte er anschließend in seinen Briefen. Sie bezeugen, daß der Apostel, wohin er auch ging, lebendige Gemeinschaften zurückließ, in denen er als Zeuge für den gekreuzigten und auferstandenen Christus gegenwärtig blieb.

Die von den Aposteln begonnene Evangelisierung schuf das

Fundament für die Errichtung des geistigen Gebäudes der Kirche, das *die Keimzelle* und in gewissem Sinne auch das für alle Zeiten gültige *Vorbild* wurde. Auf den Spuren der Apostel führten ihre Jünger das Evangelisierungswerk in der zweiten und dritten Generation fort. Es war die *heldenhafte Zeit* des hl. Ignatius von Antiochien und des hl. Polykarp und anderer herausragender Märtyrer.

Evangelisierung bedeutet nicht nur die lebendige Lehre der Kirche, die erste Verkündigung des Glaubens *(Kerygma)* sowie die Unterweisung und Ausbildung im Glauben (Katechese), sondern auch die gesamte *große* Verpflichtung, *über die offenbarte Wahrheit* nachzudenken, wie sie von Anfang an im *Werk der Väter* in Morgenland und Abendland ihren Ausdruck fand. Als es dann zur Konfrontation mit den gnostischen Deutungen und den daraus entstehenden Häresien kam, hieß das Polemik und harte Auseinandersetzung. Evangelisierung ist insbesondere von den verschiedenen Konzilien ins Werk gesetzt worden. Wenn es nicht zur Begegnung mit der hellenistischen Welt gekommen wäre, hätte für die ersten Jahrhunderte vermutlich das von den Aposteln selbst um das Jahr 50 abgehaltene »Konzil« von Jerusalem ausgereicht (vgl. Apg 15). Die nachfolgenden ökumenischen Konzile sind aus dem Bedürfnis heraus einberufen worden, die offenbarte Glaubenswahrheit in einer für die im hellenistischen Kulturbereich lebenden Menschen *faßbaren und überzeugenden Sprache* auszudrücken.

All dies gehört zur *Geschichte der Evangelisierung,* einer Geschichte, die sich in der Begegnung mit den Kulturen der verschiedenen Epochen vollzogen hat. Den Kirchenvätern muß eine fundamentale Rolle bei der Evangelisierung der

Welt zugesprochen werden, ganz abgesehen davon, daß sie im ersten Jahrtausend die Grundlagen der theologischen und philosophischen Lehre entwickelt haben. Christus hatte gesagt: »Geht hinaus in die ganze Welt« (Mk 16,15). Doch in dem Maße, in dem sich die dem Menschen bekannte Welt ausdehnte, stand auch die Evangeliumsverkündigung der Kirche immer wieder vor neuen Aufgaben.

Im ersten Jahrtausend fand die Begegnung mit all den vielen Völkern statt, die im Zuge der Wanderungsbewegungen in die Zentren des Christentums gelangten. Hier nahmen sie den Glauben an und wurden Christen, obschon sie oftmals nicht in der Lage waren, das Geheimnis dieses Glaubens voll zu erfassen. So ließen sich viele von ihnen mit dem Arianismus ein, der die Wesensgleichheit des Sohnes mit dem Vater leugnete, und kämpften für einen Sieg dieser Häresie in der christlichen Welt. Es ging dabei nicht nur um ideologische Dispute, sondern es war ein zähes und langwieriges Ringen um das Evangelium selbst. Über alle diese Auseinandersetzungen hinweg war aber stets die Stimme Christi zu vernehmen: »Darum geht zu allen Völkern und macht alle Menschen zu meinen Jüngern!« (Mt 28,19) »*Ad gentes!*« Atemberaubend ist die *Wirkkraft* dieser Worte des Erlösers der Welt.

Eines der größten Ereignisse in der Geschichte der Evangelisierung war zweifellos die Mission der beiden aus Thessalonike stammenden Brüder Cyrill und Methodius. Sie waren die Apostel der Slawen, brachten ihnen das Evangelium und schufen die Grundlage der slawischen Kulturen. Ihnen haben diese Völker in gewisser Hinsicht die liturgische und die literarische Sprache zu verdanken. Beide wirkten im 9. Jahrhundert zwischen Konstantinopel und Rom im Namen der Einheit von Ost- und Westkirche, obgleich diese Einheit damals schon auseinanderzubrechen begann. Das Erbe ihrer Evangelisierung ist in weiten Gebieten Südost- und Osteuropas erhalten geblieben, und mehrere slawische Nationen sehen in ihnen bis heute nicht nur die Glaubenslehrer, sondern die Väter ihrer Kultur.

Eine neue große Welle der Evangeliumsverkündigung ging Ende des 15. Jahrhunderts vor allem von Spanien und Portugal aus. Dies ist um so bemerkenswerter, als sich gerade zu dieser Zeit, nach dem sogenannten Schisma des Ostens im 11. Jahrhundert, die dramatische Spaltung des Abendlandes vollzog. Der mittelalterliche Glanz des Papsttums gehörte der Vergangenheit an. Die Reformation war nicht mehr aufzuhalten. Nun eröffnete aber die Vorsehung der römischen Kirche zu dem Zeitpunkt neue Perspektiven, in dem sie nördlich der Alpen Völker verlor. Mit der *Entdekkung Amerikas* wurde das Werk der Evangelisierung dieses ganzen Erdteils eingeleitet, von Norden nach Süden. Unlängst haben wir die Fünfhundertjahrfeier der Evangelisierung der Neuen Welt begangen, nicht nur, um an ein Ereignis der Vergangenheit zu erinnern, sondern um uns angesichts des Werkes der heldenhaften Missionare, vor allem von Ordensleuten, über die heutigen Verpflichtungen im gesamten amerikanischen Erdteil zu befragen.

Der missionarische Eifer, der sich in Übersee bei der Erschließung des neuen Kontinents offenbarte, löste kirchliche Initiativen auch in Richtung Orient aus. Das 16. Jahrhundert ist die Zeit des hl. Franz Xaver, der im Osten, in Indien und Japan, das Ziel seiner missionarischen Tätigkeiten sah. In Anbetracht des lebhaften Widerstands, der ihm aus den jahrtausendalten Kulturen dieser Völker entgegenschlug, war er sogar höchst erfolgreich. Wollte das Christentum solche Völker in der Tiefe ihrer Seele erreichen, so mußte es sich auf ein Werk der *Inkulturation* einlassen, wie es Pater Matteo Ricci, der Apostel Chinas, vorgeschlagen hat.

Ich habe bereits erwähnt, daß Asien nur zu einem geringen Prozentsatz christlich ist und daß diese »kleine Herde« nichtsdestoweniger gewiß teilhat an dem Reich, das der Vater den Aposteln durch Christus übergab. *Die Lebendigkeit einiger asiatischer Kirchen* ist erstaunlich. Noch einmal: Sie ist die Frucht der Verfolgung. Das gilt insbesondere für Korea, Vietnam und in letzter Zeit auch für China.

Das Bewußtsein, daß sich die gesamte Kirche in *statu missionis* (im Zustand der Missionierung) befindet, hat sich vor allem im letzten Jahrhundert in den alten Kirchen Westeuropas machtvoll gezeigt, und es zeigt sich bis heute. Man braucht nur daran zu denken, daß in der Vergangenheit beispielsweise in Frankreich in einigen Diözesen etwa die Hälfte aller Priester in die Mission ging.

Die kürzlich veröffentlichte Enzyklika *»Redemptoris missio«* schließt diese ferne und nahe Vergangenheit mit ein. Sie beginnt beim Areopag von Athen und führt bis in unsere Zeit, in der es eine Vielfalt ähnlicher Areopage gibt. Die Kirche evangelisiert, die Kirche verkündet Christus, der der Weg, die Wahrheit und das Leben ist, der einzige Mittler zwischen Gott und den Menschen. Trotz menschlicher Schwächen ist die Kirche in dieser Verkündigung unermüdlich.

Der große missionarische Aufbruch des vorigen Jahrhunderts richtete sich auf alle Erdteile, besonders aber auf den afrikanischen Kontinent. Heute haben wir es dort mit einer bereits ausgeprägten einheimischen Kirche zu tun. Es gibt zahlreiche schwarzafrikanische Bischöfe. Afrika wird zum Kontinent der missionarischen Berufungen. Daran fehlt es dort – Dank sei Gott – nicht. Je mehr sie in Europa abnehmen, um so mehr werden es in Afrika und Asien.

Vielleicht werden eines Tages die Worte von Kardinal Hyacinthe Thiandum in Erfüllung gehen, der die Möglichkeit der Evangelisierung der Alten Welt durch farbige Missionare in den Raum stellte. Und wieder einmal muß man sich fragen, ob dies nicht ein Beweis für die *neue Lebendigkeit der Kirche* ist.

Ich spreche darüber, weil ich die eher beunruhigende Frage nach der Anzahl der Christen und insbesondere der Katholiken in ein anderes Licht rücken will. In Wahrheit besteht *kein Grund zum Defätismus.* Wenn die Welt auch nicht von ihrem Bekenntnis her katholisch ist, so ist sie doch tief vom Evangelium durchdrungen. Man kann sogar sagen, daß in ihr auf unsichtbare Weise das Geheimnis der Kirche, des Leibes Christi, präsent ist.

Die Kirche nimmt mit dem Geist dieser Welt täglich neu einen Kampf auf, der *nichts anderes ist als der Kampf um die Seele dieser Welt.* Obwohl nämlich einerseits das Evangelium und die Evangelisierung in ihr gegenwärtig sind, so gibt es andererseits doch eine mächtige Gegenevangelisierung, die über entsprechende Mittel und Programme verfügt, um sich mit großer Kraft dem Evangelium und der Evangelisierung zu widersetzen. Der Kampf um die Seele der zeitgenössischen Welt ist da am größten, wo der Geist dieser Welt am stärksten zu sein scheint. In diesem Sinne spricht »Redemptoris missio« von *modernen Areopagen.* Diese Areopage sind heute die Welt der Wissenschaft, der Kultur, der Kommunikationsmittel; es sind die Kreise, in denen die intellektuelle Elite, die Schriftsteller und Künstler heranwachsen.

Die Evangelisierung erneuert ihre Begegnung mit dem Menschen. Sie ist *an den Generationenwechsel gebunden.* Während die Generationen dahingehen, die sich von Christus und der Kirche entfernt und das laizistische Denk- und Lebensmodell angenommen haben oder denen ein solches Modell aufgezwungen worden ist, blickt die Kirche stets in die Zukunft: Sie geht, ohne sich aufzuhalten, *den neuen Generationen entgegen.* Und offensichtlich nehmen diese mit Begeisterung an, was ihre Väter abzulehnen schienen.

Was bedeutet das? Es bedeutet, daß *Christus immer jung ist.* Es bedeutet, daß der Heilige Geist ohne Unterlaß wirkt. Wie vielsagend sind doch die Worte Christi: »Mein Vater ist noch immer am Werk, und auch ich bin am Werk« (Joh 5,17)! Der Vater und der Sohn wirken im Heiligen Geist, der der Geist der Wahrheit ist, und die Wahrheit hört nicht auf, eine Faszination für den Menschen, vor allem für die Herzen der Jugend, zu sein.

Man sollte sich daher nicht nur mit Statistiken abgeben. Für Christus sind die Werke der Barmherzigkeit wichtig. Die Kirche hört trotz der Verluste, die sie erleidet, nicht auf, *voller Hoffnung in die Zukunft zu blicken.* Diese Hoffnung ist ein Zeichen für die Kraft des Geistes. *Und die Kraft des Geistes mißt sich immer am Maßstab dieser apostolischen Worte:* »Wehe mir, wenn ich das Evangelium nicht verkünde!« (1 Kor 9,16)

Zehn Jahre nach dem Konzil wurde die *Bischofssynode zum Thema Evangelisierung* einberufen. Aus ihr ging das Apostolische Schreiben Pauls VI. »*Evangelii nuntiandi*« hervor. Es ist keine Enzyklika, doch übertrifft es vermutlich aufgrund des ihm innewohnenden Wertes viele Enzykliken. Es stellt sozusagen die Auslegung der konziliaren Lehraussagen über das dar, was wesentliche Aufgabe der Kirche ist: »Wehe mir, wenn ich das Evangelium nicht verkünde!«

In der heutigen Welt, angesichts der Nähe zum Jahr 2000, besteht ein ganz besonderes Bedürfnis nach dem Evangelium. Dieses Bedürfnis tritt vermutlich vor allem deswegen auf, weil die Welt sich von ihm zu entfernen scheint oder aber weil es sie noch nie erreicht hat. Die erste Hypothese, die Entfernung vom Evangelium, betrifft vor allem die Alte Welt, insbesondere Europa; die zweite hingegen den asiatischen Kontinent, den Fernen Osten, und Afrika. Wenn seit *»Evangelii nuntiandi«* der Ausdruck *Neuevangelisierung* wiederholt benutzt wurde, so geschieht dies nur im Sinne *der neuen Herausforderungen, die die heutige Welt für die Mission der Kirche schafft.*

Bezeichnend ist, daß *»Redemptoris missio«* von einem *neuen Frühling der Evangelisierung* spricht, und noch bedeutungsvoller ist die Tatsache, daß diese Enzyklika von den unterschiedlichsten Kreisen mit großer Genugtuung, ja geradezu mit Begeisterung aufgenommen worden ist. Nach dem Schreiben *»Evangelii nuntiandi«* versteht sie sich als eine neue Zusammenfassung der Lehre über die Evangelisierung der Welt von heute.

Die Enzyklika kristallisiert die *hauptsächlichen Probleme* heraus; sie nennt die *Hindernisse* beim Namen, die der Evangeliumsverkündigung in den Weg gelegt werden; sie klärt einige *Begriffe,* die teilweise, vor allem im Journalistenjargon, falsch benutzt werden; und sie weist schließlich auf Gebiete hin, wie beispielsweise die postkommunistischen Länder, in denen die Wahrheit der Frohbotschaft ganz besonders erwartet wird. Und für diese Länder, die auf eine lange christliche Vergangenheit zurückblicken, scheint eine Art »Re-Evangelisierung« erforderlich.

Die neue Evangelisierung hat nichts mit Restauration zu tun, wie sie verschiedene Publikationen unterstellen, oder mit *Proselytentum,* gegen das sie lautstark Anklage erheben, indem sie auf einseitige und tendenziöse Weise an Begriffe wie *Pluralismus* oder *Toleranz* appellieren. Eine eingehendere Lektüre der Konzilserklärung *»Dignitatis humanae«* über die religiöse Freiheit kann helfen, solcherart Probleme zu lösen und auch Befürchtungen zu zerstreuen, die man vermutlich deshalb zu wecken versucht, weil man der Kirche bei der Erfüllung ihrer Evangelisierungsmission Mut und Schwung nehmen will. *Aber diese Mission gehört zum Wesen der Kirche.* Das II. Vatikanische Konzil bestätigte: »Die Kirche ist ihrem Wesen nach missionarisch« (Ad gentes, 2).

Abgesehen von den Einwänden, die sich auf die Evangelisierung als solche und auf ihre Möglichkeiten in der heutigen Welt beziehen, wurden auch andere erhoben, die eher die *Formen und die Methoden der Evangelisierung* betreffen. 1989 hat im spanischen *Santiago de Compostela* der Weltjugendtag stattgefunden. Die Resonanz bei den Jugendlichen, vor allem den europäischen, war außerordentlich herzlich. Der sehr alte Pilgerweg zur Stätte des hl. Apostels Jakobus wurde wieder lebendig. Es ist bekannt, wie bedeutend dieser Wallfahrtsort und die Wallfahrten im allgemeinen für das Christentum waren; insbesondere ist die Rolle bekannt, die sie bei der Bildung der kulturellen Identität Europas gespielt haben. Doch gleichzeitig mit diesem so wichtigen Ereignis sind Stimmen laut geworden, die sagten, daß »der Traum von Compostela« nunmehr unwiderruflich der Vergangenheit angehöre und daß das christliche Europa ein in den Archiven der Geschichte abzulegendes Phänomen sei. Eine solche Angst vor der Neuevangelisierung seitens einiger Kreise, die von sich behaupten, die öffentliche Meinung zu vertreten, stimmt nachdenklich.

Im Zusammenhang mit der Neuevangelisierung ist die heutige *Wiederentdeckung der authentischen Werte der sogenannten Volksfrömmigkeit sehr vielsagend.* Bis vor kurzem wurde noch recht abfällig von ihr gesprochen. In unseren Tagen erleben einige ihrer Ausdrucksformen hingegen eine wahre Wiedergeburt: beispielsweise in Pilgerfahrten auf alten und neuen Wegen. So kam zu dem unvergeßlichen Zeugnis der Begegnung von Santiago de Compostela (1989) die Erfahrung von Jasna Góra in Tschenstochau (1991). Vor allem gehen junge Menschen gern auf Pilgerreise. Und dies nicht nur in unserem alten Kontinent, sondern auch in den Vereinigten Staaten, wo sich auf dem Weltjugendtreffen in Denver (1993) trotz fehlender Wallfahrtstradition mehrere hunderttausend junge Menschen im Bekenntnis Christi versammelt haben.

Heute besteht also *eindeutig ein Bedürfnis nach Neuevangelisierung: das Bedürfnis nach einer Neuverkündigung des Evangeliums, die den pilgernden Menschen begleitet und sich mit der jungen Generation auf den Weg macht. Ist nicht ein solches Bedürfnis an sich schon ein Symptom des herannahenden Jahres 2000?* Die Pilger blicken immer häufiger hin zum Heiligen Land, nach Nazaret, Betlehem und Jerusalem. Das Gottesvolk des Alten und des Neuen Bundes lebt in der jungen Generation und ist Ende des 20. Jahrhunderts vom selben Bewußtsein erfüllt wie Abraham, als die Stimme Gottes ihn aufrief, den Pilgerweg des Glaubens einzuschlagen, und er ihr folgte. Welches andere Wort des Evangeliums hören wir häufiger als dieses: »Folge mir nach!« (Mt 8,22)? Es ruft die Menschen von heute und vor allem die jungen Menschen auf, sich bereitzumachen und – einer besseren Welt entgegen – den Wegen des Evangeliums zu folgen.

19

IST DIE JUGEND TATSÄCHLICH

EINE HOFFNUNG?

Der Heilige Vater bringt der Jugend viel liebevolle Zuwendung entgegen. Er wiederholt häufig, daß die Kirche hinsichtlich der Erneuerung der Evangelisierung mit ganz besonderer Hoffnung auf sie blickt.
Heiligkeit, ist diese Hoffnung begründet? Oder stehen wir nicht der immer wieder aufkommenden und für uns Erwachsene bezeichnenden Illusion gegenüber, daß die neue Generation besser sein wird als die unsere und als alle anderen, die ihr vorausgegangen sind?

Hier sprechen Sie einen unermeßlichen, zu Analyse und Meditation einladenden Bereich an. *Wie ist die Jugend von heute? Was sucht sie?* Man könnte sagen, daß sie so ist wie immer. Es gibt etwas im Menschen, das keinen Änderungen unterworfen ist, wie das Konzil in *»Gaudium et spes«* (Nr. 10) feststellt. Gerade in der Jugend findet das seine Bestätigung, vielleicht sogar mehr als in jedem anderen Lebensalter. Das hindert aber nicht, daß die jungen Leute von heute auch anders sein können als die von früher. In der Vergangenheit wurden die jungen Menschen durch schmerzliche Erfahrungen geformt wie Krieg, Konzentrationslager und ständige Gefahren. Solche Erfahrungen setzten in den Jugendlichen – ich denke auf der ganzen Welt, wenngleich mir in diesem Moment die polnische Jugend in den Sinn kommt – *Züge großen Heldenmuts frei.*

Dabei braucht man nur an den Warschauer Aufstand von 1944 zu erinnern: den verzweifelten Einsatz meiner Altersgenossen, die alle Gefahren in Kauf nahmen. Sie warfen ihr junges Leben in den brennenden Scheiterhaufen. Sie wollten beweisen, daß die Auseinandersetzung mit dem großen und schwierigen Erbe, welches sie empfangen hatten, sie wachsen ließ. Auch ich gehöre dieser Generation an und meine, daß *die Heldenhaftigkeit meiner Altersgenossen mir geholfen hat, meine persönliche Berufung zu finden.*

Pater Konstantin Michalski, einer der großen Professoren der Jagiellonischen Universität von Krakau, hat nach seiner Rückkehr aus dem Konzentrationslager von Sachsenhausen das Buch *»Zwischen Heldentum und Unmenschlichkeit«* geschrieben. Dieser Titel gibt das Klima dieser Zeit sehr gut wieder. Michalski erinnerte in bezug auf Frater Alberto Chmielowski an den Satz aus dem Evangelium, nach dem man »sein Leben hingeben« soll (vgl. Joh 15,13). Gerade in jener Zeit der schrecklichen Menschenverachtung, als der Preis für ein Menschenleben so geringgeschätzt wurde wie vielleicht nie zuvor, gerade damals wurde das Leben eines jeden kostbar; es bekam den Wert eines Gnadengeschenks.

Heute wachsen die Jugendlichen zweifellos in einem anderen Umfeld auf: Sie haben nicht die Erfahrungen des Zweiten Weltkrieges. Viele von ihnen haben außerdem die Kämpfe gegen das kommunistische System, gegen den totalitären Staat nicht kennengelernt – oder erinnern sich nicht daran. Sie leben in einer von anderen für sie erkämpften Freiheit und haben sich in hohem Maße der Konsumgesellschaft verschrieben. Dies sind *die Maßstäbe, mit denen man es heute zu tun hat* – natürlich nur andeutungsweise umrissen.

Trotzdem kann man nicht behaupten, daß die Jugend die traditionellen Werte zurückweist und daß sie der Kirche fernbleibt. Die Erfahrungen der Erzieher und Seelsorger *bestätigen – gegenwärtig nicht minder als früher – den für dieses Alter charakteristischen Idealismus,* auch wenn er vielleicht hauptsächlich als Kritik zum Ausdruck kommt, während er sich früher einfacher in tätigen Einsatz umsetzen ließ.

Allgemein kann man sagen, daß die neue Generation vorwiegend *in einer Art neopositivistischem Klima* aufwächst, während zu meiner Jugendzeit in Polen beispielsweise *romantische Traditionen* vorherrschten. Die jungen Leute, mit denen ich unmittelbar nach meiner Priesterweihe in Kontakt kam, waren ebenfalls in genau diesem Klima aufgewachsen. In der Kirche und im Evangelium sahen sie einen Bezugspunkt, an dem sie sich in ihrem Bemühen, ihr Leben sinnvoll zu gestalten, ausrichten konnten. Ich erinnere mich noch an die Gespräche mit den Jugendlichen, die auf genau diese Weise ihre Beziehung zum Glauben zum Ausdruck brachten.

Die wichtigste Erfahrung dieser Zeit, als meine Seelsorgetätigkeit vor allem den jungen Leuten galt, war die *Entdeckung der wesentlichen Bedeutung der Jugendzeit.* Was ist die Jugendzeit? Sie ist nicht nur ein Lebensabschnitt, der eine bestimmte Anzahl von Jahren umfaßt, sondern zugleich eine dem jungen Menschen *von der Vorsehung als Aufgabe übertragene Zeit,* während der er, wie der junge Mann im Evangelium, die Antwort auf die grundlegenden Fragen sucht. Er forscht nicht nur nach dem Sinn des Lebens, sondern auch nach einem konkreten Plan, mit dem er

143

beginnen kann, sein Leben einzurichten. Dies ist das wesentlichste Kennzeichen der Jugend. Angefangen von den Eltern, muß jeder Erzieher und auch jeder Seelsorger dieses Kennzeichen gut kennen und es in jedem einzelnen Jugendlichen herausfinden. Darüber hinaus muß er *das lieben, was für die Jugendzeit wesentlich ist.*

Wenn der Mensch auch in jedem Abschnitt seines Lebens Selbstbestätigung und Liebe sucht, so ist diese Suche hier am stärksten ausgeprägt. Das Streben nach Bestätigung darf jedoch nicht so verstanden werden, daß die jungen Leute uneingeschränkt zu allem berechtigt sind. Dies wollen sie auch keineswegs: Sie sind durchaus bereit, ermahnt zu werden; sie wollen, daß man ja oder nein sagt. *Sie brauchen Führung.* Sie möchten Personen, von denen Autorität ausgeht, in ihrer Nähe wissen und suchen deren Beistand, weil sie in ihnen warmherzige Menschen vermuten, die in der Lage sind, gemeinsam mit ihnen die Wege zu gehen; denen sie folgen.

Es ist eindeutig erkennbar, daß *das wesentliche Problem der Jugend zutiefst personal* ist. Die Jugend ist ja die Zeit, in der sich die Persönlichkeit formt. Sie ist auch die Zeit der *Gemeinschaft.* Die jungen Menschen, sowohl junge Männer als auch junge Frauen, wissen, daß sie für die anderen und mit den anderen leben müssen; sie wissen, daß ihr Leben insofern einen Sinn hat, *als es zu einer unentgeltlichen Gabe an den Nächsten wird.* Hieraus entspringen alle Berufungen: sowohl zu Priestertum oder Ordensleben wie auch die zu Ehe und Familie. Auch die Ehe ist eine Berufung, ein Geschenk Gottes.

Niemals werde ich einen jungen Mann vergessen, der am Polytechnikum in Krakau studierte und von dem alle wußten, daß er heilig werden wollte. Das Streben nach Heiligkeit war sein Lebensplan. Er wußte, daß er, um mit den Worten des hl. Stanislaus Kostka zu sprechen, zu »Größerem geschaffen war«. Gleichzeitig war er jedoch überzeugt, weder zum Priesteramt noch zum Ordensleben berufen zu sein. Er wußte, daß er Laie bleiben sollte. Er war begeistert von seiner Arbeit, vom Studium der Ingenieurwissenschaften. Er suchte eine Lebensgefährtin, er suchte sie auf Knien im Gebet. Niemals werde ich das Gespräch vergessen, in dem er mir nach einem ganz besonderen Tag der Zurückgezogenheit sagte: »Ich denke, daß dieses Mädchen meine Frau werden soll und daß Gott sie mir gibt.« Gerade so, als folgte er nicht nur seinem eigenen Geschmack, sondern zuallererst der Stimme Gottes. Er wußte, daß alles Gute von ihm kommt, und er traf eine gute Wahl. Ich spreche von Jerzy Ciesielski, der bei einem tragischen Unfall im Sudan ums Leben gekommen ist, wohin er der Einladung der Universität zu Gastvorlesungen gefolgt war. Sein Seligsprechungsprozeß ist bereits eingeleitet worden.

Eine solche Berufung zur Liebe ist natürlich ein wesentlicher Teil des sehr engen Kontakts zu jungen Leuten. Als Priester bin ich mir dessen sehr schnell bewußt geworden. Ich spürte geradezu eine Art inneren Antrieb in diese Richtung. Die jungen Menschen müssen auf die Ehe vorbereitet, sie müssen *in der Liebe unterwiesen* werden. Die Liebe läßt sich nicht erlernen, und doch wäre nichts so wichtig, als sie zu erlernen.

Als junger Priester lernte ich, die menschliche Liebe zu lieben. Das ist eines der grundlegenden Themen, auf das ich mein Priesteramt, meine Aufgabe auf der Kanzel, im Beichtstuhl und auch im geschriebenen Wort konzentriert habe. Wenn man die menschliche Liebe liebt, so entsteht auch das lebendige Bedürfnis, alle Kräfte zugunsten der »schönen Liebe« einzusetzen. Denn die Liebe ist schön. Die jungen Menschen suchen im Grunde stets das Schöne in der Liebe; sie wollen, daß ihre Liebe schön ist. Auch wenn sie schwach werden und Verhaltensmustern folgen, die sehr wohl als »Skandal der heutigen Welt« bezeichnet werden können (und leider sehr verbreitet sind), so wünschen sie sich im Grunde ihres Herzens dennoch eine schöne und reine Liebe. Dies gilt für junge Männer und junge Frauen gleichermaßen. Letzten Endes wissen sie, daß ihnen niemand eine solche Liebe geben kann außer Gott. Und deshalb sind sie bereit, Christus zu folgen und keine Rücksicht zu nehmen auf die Opfer, die dafür gebracht werden müssen.

In den Jahren, da ich selber ein junger Priester und Seelsorger war, habe ich mir dieses Bild von den Jugendlichen und von der Jugendzeit gemacht, das mich in all den nachfolgenden Jahren begleitet hat. Ein Bild, das es mir möglich macht, wohin ich auch gehe, junge Menschen zu treffen. Jeder römische Pfarrer weiß, daß sich der Bischof von Rom zum Abschluß seines Besuchs einer Pfarrgemeinde mit der Jugend trifft. Und nicht nur in Rom, sondern überall; *wohin sich der Papst begibt, sucht er die Jugendlichen, und überall suchen die Jugendlichen den Papst. Das heißt, in Wahrheit ist es nicht er, der gesucht wird. Wer gesucht wird, ist Christus,* der weiß, »was im Menschen ist« (Joh 2,25), vor allem im jungen Menschen, und er kann ihm die wahren Antworten auf seine Fragen geben! Obschon es anspruchsvolle Antworten sind, fliehen die Jugendlichen nicht vor ihnen; vielmehr könnte man sagen, daß sie diese erwarten.

So läßt sich auch die Entstehungsgeschichte des Weltjugendtages erklären. Die Jugendlichen wurden zunächst an-

146

läßlich des Jubiläumsjahres der Erlösung und dann aufgrund des von der Organisation der Vereinten Nationen einberufenen Internationalen Jahres der Jugend (1985) nach Rom eingeladen. Und dies war der Anfang. *Niemand hat die Weltjugendtage erfunden. Die Jugendlichen selber haben sie geschaffen.* Diese Tage, diese Begegnungen sind seit damals überall auf der Welt ein Bedürfnis der Jugend. In den meisten Fällen haben sie die Priester und auch die Bischöfe in hohem Maße überrascht. Sie haben auch ihre eigenen Erwartungen übertroffen.

Diese Welttage sind ein großes und faszinierendes Zeugnis geworden, das die jungen Leute für sich selbst ablegen, und sie sind zu einem mächtigen Mittel der Evangelisierung geworden. Die Jugendlichen besitzen nämlich ein *unermeßliches Potential an Gutem und an kreativen Möglichkeiten.* Wo immer auf der Welt ich junge Menschen treffe, warte ich zunächst auf das, was sie mir von sich selbst, von ihrer Gesellschaft, von ihrer Kirche sagen. Und immer mache ich ihnen folgendes bewußt: »Das, was ich euch sage, ist durchaus nicht wichtiger als das, was ihr mir sagen werdet. Ihr werdet es mir mit euren Worten sagen, doch auch mit eurer Gegenwart, eurem Gesang, vielleicht auch mit eurem Tanz, euren Aufführungen und nicht zuletzt mit eurer Begeisterung.«

Wir brauchen die Begeisterung der Jugend. Wir brauchen die Lebensfreude der Jugend. In ihr spiegelt sich etwas von der ursprünglichen Freude wider, die Gott hatte, als er den Menschen schuf. Gerade diese Freude erfahren die Jugendlichen in sich selbst. Sie ist überall gleich, doch sie ist auch stets neu und einmalig. Die Jugend weiß sie auf ihre Weise auszudrücken.

Es stimmt nicht, daß der Papst die jungen Leute von einem

Ende der Erdkugel zum anderen führt. Sie sind es, die ihn führen. Und obschon er selber älter wird, fordern sie ihn auf, jung zu sein, und erlauben ihm nicht, seine Erfahrung zu vergessen, seine Entdeckung der Jugendzeit und der großen Bedeutung, die sie für das Leben eines jeden Menschen hat. Ich denke, daß sich hieraus vieles erklären läßt.

Am Tage meiner Amtseinführung als Papst, am 22. Oktober 1978, sagte ich nach Beendigung der Liturgie auf dem Petersplatz zu den Jugendlichen: »Ihr seid die Hoffnung der Kirche und der Welt. Ihr seid meine Hoffnung.« Diese Worte werden stets in Erinnerung bleiben. Jugend und Kirche. Zusammenfassend möchte ich unterstreichen, *daß die Jugend Gott sucht,* daß sie endgültige Antworten sucht: »Was muß ich tun, um das ewige Leben zu gewinnen?« (Lk 10,25) Bei dieser Suche begegnen wir unweigerlich der Kirche. *Und auch die Kirche begegnet unweigerlich der Jugend.* Die Kirche muß nur ein tiefes Verständnis dafür haben, worin die Jugendzeit besteht, sowie für die Bedeutung, die sie für jeden Menschen hat. *Die Jugendlichen müssen auch die Kirche kennenlernen, sie müssen Christus in ihr erblicken,* der mit jeder Generation, mit jedem Menschen durch die Jahrhunderte geht. Mit einem jeden geht er wie ein Freund. Wichtig im Leben eines jungen Menschen ist der Tag, da er zur Überzeugung gelangt, daß Christus der einzige Freund ist, der ihn nie enttäuscht und auf den er immer zählen kann.

20

ES GAB EINMAL DEN KOMMUNISMUS

Gott scheint zu schweigen (vom »Schweigen Gottes« hat man gesprochen, und viele sprechen immer noch davon), doch tatsächlich hört er nicht auf zu wirken. Das bestätigen all jene, die in den Wechselfällen des menschlichen Lebens die Verwirklichung des rätselhaften Planes der Vorsehung sehen.

Was die jüngsten Ereignisse angeht, so haben Sie, Heiliger Vater, Ihre Überzeugung mehrfach geäußert. (Ich erinnere mich beispielsweise an die Worte, die Sie im Herbst 1993 anläßlich Ihres ersten Besuchs in früheren sowjetischen Gebieten, den baltischen Republiken, fanden.) Im Untergang des atheistischen Kommunismus, so sagten Sie, kann man den digitus Dei, den »Finger Gottes«, erblicken. Häufig haben Sie auf ein »Mysterium« oder gar auf ein »Wunder« angespielt, wenn Sie vom Zusammenbruch jener Macht sprachen, die sich siebzig Jahre behauptet hatte und noch Jahrhunderte zu dauern schien.

Christus sagt: »Mein Vater ist noch immer am Werk, und auch ich bin am Werk« (Joh 5,17). Worauf beziehen sich diese Worte? Die Einheit mit dem Vater, dem Sohn und dem Heiligen Geist ist wesentlicher Bestandteil des ewigen Lebens. »Das ist das ewige Leben: dich . . ., Gott, zu erkennen und Jesus Christus, den du gesandt hast« (Joh 17,3). Doch wenn Jesus vom Vater spricht, der »immer noch am Werk ist«, so beabsichtigt er damit nicht, direkt auf die Ewigkeit zu verweisen. Er spricht vielmehr von der Tatsache, daß Gott in der Welt am Werk ist. *Das Christentum ist nicht nur eine Religion der Erkenntnis, der Kontemplation. Es ist auch eine Religion des Wirkens Gottes und des Handelns des Menschen.*

Der große Lehrer des mystischen Lebens und der Kontemplation, der bereits zitierte hl. Johannes vom Kreuz, hat geschrieben: »Am Abend des Lebens werden wir über die Liebe gerichtet werden« (Worte des Lichtes und der Liebe, 59). Dieselbe Wahrheit hat Christus auf einfachere Weise in seiner Schilderung des Weltgerichts zum Ausdruck gebracht, die das Matthäus-Evangelium wiedergibt (Mt 25,31-46).

Kann man vom Schweigen Gottes sprechen? Und wenn ja, wie soll man dann ein solches Schweigen deuten?

Ja, in gewissem Sinne schweigt Gott, *denn er hat uns bereits alles offenbart.* Er hat »einst« durch die Propheten gesprochen und »in dieser Endzeit« durch den Sohn (vgl. Hebr 1,1-2): Durch ihn hat er gesagt, was er zu sagen hatte. Der hl. Johannes vom Kreuz bestätigt, daß Christus »wie eine reiche Mine mit unermeßlichen Schatzadern ist, deren Ende man nicht finden kann, so weit man auch geht, und in deren Hohlräumen man sogar neue Schatzadern findet« (Geistlicher Gesang 13,37, Erklärung Nr. 4). Wir müssen daher wieder die Stimme Gottes hören, die in der Geschichte des Menschen spricht. Und wenn wir sein Wort nicht hören, so geschieht dies vielleicht, weil wir ihm nicht unser inneres Gehör öffnen. In diesem Sinne sprach Christus von denen, die »sehen und doch nicht sehen, die hören und doch nicht hören« (Mt 13,13), während die Erfahrung Gottes stets in der Reichweite jedes Menschen ist und ihm in Jesus Christus und kraft des Heiligen Geistes zugänglich wird.

Heute gibt es allem Anschein zum Trotz viele, die einen Weg finden, um *den Gott* zu erfahren, *der am Werk ist.* Es ist dies die große Erfahrung unserer Zeit, vor allem der jungen Generation. Wie sonst könnte man sich all die *Vereinigungen* und alle in der Kirche aufgeblühten *Bewegungen erklären?* Was sind sie anderes als das von uns gehörte und angenommene Wort Gottes? Und was ist die *Erfahrung der Versammlung von Denver* anderes als die Stimme Gottes, die die Jugendlichen in einem Zusammenhang vernahmen, der aus menschlicher Sicht kein Gelingen versprach, zumal auch viel getan wurde, um ihr Hören zu vereiteln?

Dieses Hören, diese Erkenntnis ist der Ursprung des Handelns: Hieraus entsteht die *Bewegung des Gedankens, die Bewegung des Herzens, die Bewegung des Willens.* Einmal sagte ich zu Repräsentanten der apostolischen Bewegungen, daß *die Kirche selbst zuallererst eine »Bewegung«, eine »Mission«, sei.* Sie fängt in Gott-Vater an und erreicht durch den Sohn im Heiligen Geist immer wieder aufs neue die Menschheit und gestaltet sie auf neue Weise. Ja, das Christentum ist eine große Tat Gottes. *Das Wirken des Wortes geht über in die Wirkung der Sakramente.*

Was sind die Sakramente (alle Sakramente!) denn anderes als das Wirken Christi im Heiligen Geist? Wenn die Kirche tauft, so ist es Christus, der tauft; wenn die Kirche losspricht, so ist es Christus, der losspricht; wenn die Kirche die Eucharistie feiert, so ist es Christus, der sie feiert: »Dies ist mein Leib . . .« Und so weiter. Alle Sakramente sind ein Handeln Christi, ein Handeln Gottes in Christus. *Und so kann man schwerlich vom Schweigen Gottes sprechen.* Viel eher sollte man vom Willen sprechen, die Stimme Gottes zu ersticken.

Ja, dieser *Wille, die Stimme Gottes zu ersticken,* ist geradezu programmiert: Viele tun alles, damit seine Stimme nicht zu hören ist, sondern nur die Stimme des Menschen, der aber nichts anzubieten hat, was nicht irdisch ist. Ein solches Angebot bringt nicht selten eine Zerstörung kosmischen Ausmaßes mit sich. Ist dies nicht die tragische Geschichte unseres Jahrhunderts?

Mit Ihrer Frage geben Sie im Grunde schon die Bestätigung dafür, daß das Handeln Gottes in der Geschichte unseres Jahrhunderts quasi sichtbar geworden ist: *im Niedergang des Kommunismus.* Andererseits müssen wir uns vor einer übertriebenen Vereinfachung hüten. Das, was wir Kommunismus nennen, hat seine Geschichte. Es ist, wie ich in der Enzyklika *»Laborem exercens«* in Erinnerung gerufen habe, die Geschichte des Protests gegen die Ungerechtigkeit. Ein Protest der großen Menge der arbeitenden Menschen, der zur Ideologie geworden ist. *Doch ist dieser Protest auch zu einem Teil des Lehramtes der Kirche geworden.* Um das klarzumachen, genügt es schon, an *»Rerum novarum«* vom Ende des letzten Jahrhunderts zu erinnern. Anzufügen bleibt: Das Lehramt *hat sich nicht auf den Protest beschränkt, sondern es hat einen weitreichenden Blick in die Zukunft getan.* Denn Leo XIII. hat in gewissem Sinne den Niedergang des Kommunismus vorausgesagt – einen Niedergang, der die Menschheit und Europa teuer zu stehen kommen könnte, *da die Medizin,* so schrieb er 1891 in dieser Enzyklika, *sich als gefährlicher erweisen könnte als die Krankheit selbst!* Dies stellte der Papst mit dem Ernst und dem Ansehen des Lehramtes der Kirche fest.

Und was ist über die drei portugiesischen Kinder aus Fatima zu sagen, die unerwartet und kurz vor dem Ausbruch der Oktoberrevolution hörten: »Rußland wird umkehren«, und »Am Ende wird mein Herz triumphieren« . . .? Sie konnten derartige Voraussagen unmöglich erfunden haben. Sie kannten sich weder in der Geschichte noch in der Geographie aus, und noch weniger wußten sie über Sozialbewegungen oder Ideologieentwicklung. Und doch ist genau das eingetreten, was sie angekündigt hatten.

Vielleicht ist der Papst auch aus diesem Grund aus einem »fernen Land« gerufen worden; vielleicht hat das Attentat auf dem Petersplatz gerade am 13. Mai 1981, dem Jahrestag der ersten Erscheinung in Fatima, stattfinden müssen, damit alles durchsichtiger und verständlicher würde, damit die Stimme Gottes, die in der Menschengeschichte in »Zeichen der Zeit« spricht, einfacher zu hören und zu verstehen wäre. Da ist also der Vater, der stets am Werk ist, da ist der Sohn, der ebenfalls am Werk ist, und da ist der unsichtbare Heilige Geist, der die Liebe ist und der als Liebe unaufhörliches, schaffendes, rettendes, heiligendes und lebenspendendes Wirken ist.

Es wäre zu einfach, zu sagen, daß die göttliche Vorsehung den Kommunismus hat untergehen lassen. Der Kommunismus ist als System in gewissem Sinne von allein untergegangen. Er ist als Folge seiner eigenen Fehler und Mißbräuche untergegangen. Er hat bewiesen, daß er *eine gefährlichere Medizin als die Krankheit selbst war.* Er hat keine wirkliche Sozialreform zuwege gebracht, obwohl er für die ganze Welt zu einer mächtigen Bedrohung und einer

Herausforderung geworden ist. Doch ist er von *alleine untergegangen – aufgrund seiner eigenen ihm innewohnenden Schwäche.*

»Mein Vater ist noch immer am Werk, und auch ich bin am Werk« (Joh 5,12). Der Niedergang des Kommunismus eröffnet *uns einen umfassenden Rückblick auf die typische Denk- und Handlungsweise der modernen* und vor allem der europäischen *Zivilisation,* die den Kommunismus hervorgebracht hat. Es ist eine Zivilisation, die neben unbestreitbaren Erfolgen in vielen Bereichen auch sehr viele Fehler gemacht und mit dem Menschen Mißbrauch getrieben hat, indem sie ihn auf verschiedenste Weise ausnützte. Eine Zivilisation, die vor allem mit den sozialen Kommunikationsmitteln immer neue politische wie auch kulturelle Macht- und Gewaltstrukturen annimmt, um der gesamten Menschheit ähnliche Irrtümer und Mißbräuche aufzuerlegen.
Wie läßt sich sonst die wachsende Diskrepanz zwischen dem reichen Norden und dem immer ärmeren Süden erklären? Wer ist dafür verantwortlich? Verantwortlich ist der Mensch; verantwortlich sind die Menschen, die Ideologien, die philosophischen Systeme. Ich würde sagen, daß *der Kampf gegen Gott und der Versuch einer systematischen Beseitigung alles Christlichen dafür verantwortlich sind;* ein Kampf, der seit drei Jahrhunderten das Denken und das Leben der westlichen Welt in hohem Maße beherrscht. *Der marxistische Kollektivismus ist nichts anderes als eine »schlechtere Ausgabe« dieses Programms.* Man kann sagen, daß sich heute ein ähnliches Programm in all seiner Gefährlichkeit und zugleich in all seiner Schwäche zeigt.

Gott hingegen bleibt seinem Bund treu. Er hat ihn mit der Menschheit in Jesus Christus geschlossen. Er kann sich nunmehr nicht mehr zurückziehen, da er ein für allemal entschieden hat, daß das Schicksal des Menschen das ewige Leben und das Himmelreich sein soll. *Wird der Mensch der Liebe Gottes weichen, wird er seinen tragischen Irrtum einsehen?* Wird der Fürst der Finsternis weichen, der »der Vater der Lüge« ist (Joh 8,44) und die Menschensöhne ohne Unterlaß anklagt, wie er einst Ijob anklagte (vgl. Ijob 1,9 ff.)? Vermutlich wird er nicht weichen, doch vielleicht werden seine Beweisgründe schwächer. Vielleicht wird die Menschheit ganz allmählich genügsamer werden und ihre Ohren öffnen, um das Wort zu hören, mit dem Gott dem Menschen alles gesagt hat. Und hieran wird nichts Demütigendes sein. Der Mensch kann aus eigenen Fehlern lernen. Auch die Menschheit kann das, damit Gott sie auf den beschwerlichen Wegen ihrer Geschichte begleitet. Und auf diese Weise hört Gott nicht auf, am Werk zu sein. *Sein wesentliches Werk wird stets das Kreuz und die Auferstehung Christi sein.* Dies ist das endgültige Wort der Wahrheit und der Liebe. Dies ist auch die unerschöpfliche Quelle des Wirkens Gottes: in den Sakramenten wie auch auf anderen Wegen, die nur er allein kennt. Es ist ein Wirken, welches das Herz des Menschen und die Geschichte der Menschheit durchzieht.

Kehren wir zurück zu jenen drei Stufen des katholischen Glaubens, die untrennbar miteinander verknüpft sind und von denen wir in einer der ersten Fragen, der vierten, bereits gesprochen haben. Dabei wurde auf Gott und auf Jesus Christus hingewiesen. Nun ist es an der Zeit, über die Kirche zu reden.

Wie wir wissen, glauben auch heute noch die meisten Menschen an Gott (oder zumindest an »irgendeinen« Gott), selbst im Westen. Der begründete, erklärte Atheismus war immer Sache der »Elite«, der Intellektuellen – und so ist es wohl auch heute noch. Was nun den Glauben angeht, daß dieser Gott in Jesus »Fleisch angenommen« oder sich zumindest auf irgendeine besondere Weise »offenbart« hat, so wird er immer noch von vielen Menschen geteilt.

Aber wie steht es um die Kirche? Vor allem um die katholische Kirche? Viele scheinen sich gegen ihren Anspruch, daß allein in ihr das Heil liegt, aufzulehnen. Auch zahlreiche Christen, zuweilen sogar katholische Christen, fragen sich: Warum sollte unter all den christlichen Kirchen nur die katholische Kirche die Fülle des Evangeliums besitzen und lehren?

Zuallererst muß geklärt werden, was die *christliche Lehre über das Heil und über die Vermittlung des Heils,* das stets von Gott kommt, überhaupt besagt. »Einer ist Gott, Einer auch Mittler zwischen Gott und den Menschen: der Mensch Jesus Christus« (1 Tim 2,5). »Und in keinem anderen ist das Heil zu finden« (Apg 4,12).

Es ist daher offenbare Wahrheit, daß *das Heil einzig und allein in Christus zu finden ist.* Die Kirche ist als Leib Christi nur einfaches Werkzeug dieses Heils.

In den ersten Worten der Konzilskonstitution über die Kirche, in *»Lumen gentium«,* heißt es: »Die Kirche ist ja in Christus gleichsam das Sakrament, das heißt Zeichen und Werkzeug für die innigste Vereinigung mit Gott wie für die Einheit der ganzen Menschheit« (Nr. 1). Als Gottesvolk ist die Kirche also zugleich Leib Christi.

Das letzte Konzil hat das Geheimnis der Kirche sehr gründlich erklärt: »Gottes Sohn hat in der mit sich geeinten menschlichen Natur durch seinen Tod und seine Auferstehung den Tod besiegt und so den Menschen erlöst und ihn umgestaltet zu einem neuen Geschöpf (vgl. Gal 6,15; 2 Kor 5,17). Indem er nämlich seinen Geist mitteilte, hat er seine Brüder, die er aus allen Völkern zusammenrief, in geheimnisvoller Weise gleichsam zu seinem Leib gemacht« (LG 7). Daher stellt sich die Weltkirche nach den Worten des hl. Cyprian als »ein von der Einheit des Vaters, des Sohnes und des Heiligen Geistes versammeltes Volk dar« (De Oratione Dominica, 23). Dieses Leben – das Leben von Gott und in Gott – ist die Verwirklichung des Heils. *Der Mensch rettet sich in der Kirche, insoweit er in das dreieinige Geheimnis Gottes,* das heißt in das Mysterium des innergöttlichen Lebens, eingeführt wird.

Man darf dies nicht zu verstehen versuchen, indem man sich ausschließlich an das sichtbare Erscheinungsbild der Kirche hält. Die Kirche ist vielmehr ein *Organismus.* Das hat der hl. Paulus auf einzigartige Weise zum Ausdruck gebracht, indem er vom Leib Christi sprach (vgl. Kol 1,18).

»›So werden wir alle zu Gliedern jenes Leibes‹ (vgl. 1 Kor 12,27); › . . . als einzelne aber sind wir Glieder, die zueinander gehören‹ (Röm 12,5) . . . Auch bei der Auferbauung des Leibes Christi waltet die Verschiedenheit der Glieder und der Aufgaben. Der eine Geist ist es, der seine vielfältigen Gaben gemäß seinem Reichtum und den Erfordernissen der Dienste zum Nutzen der Kirche austeilt« (LG 7).

Das Konzil ist demnach weit entfernt davon, eine *Ekklesiozentrik* zu verkünden. Das Lehramt des Konzils ist *christozentrisch* in all seinen Aspekten und somit zutiefst im Mysterium der Dreieinigkeit verwurzelt. Im Mittelpunkt der Kirche stehen stets Christus und sein Opfer, das gewissermaßen auf dem Altar der gesamten Schöpfung, auf dem Altar der Welt, gefeiert wird. Christus ist »der Erstgeborene der gesamten Schöpfung« (Kol 1,15), durch seine Auferstehung ist er auch »der Erstgeborene der Toten« (Kol 1,18). Um sein Erlösungsopfer versammelt sich die ganze Schöpfung, deren eigenes ewiges Schicksal in Gott reift. Obwohl sich diese Reifung in Geburtswehen vollzieht, so ist sie doch voller Hoffnung, wie der hl. Paulus im Brief an die Römer (vgl. 8,23-24) verdeutlicht.

In Christus *ist die Kirche katholisch,* das heißt universal. Sie kann nur so sein: »In allen Völkern der Erde wohnt also dieses eine Gottesvolk, da es aus ihnen allen seine Bürger nimmt, Bürger eines Reiches freilich nicht irdischer, sondern himmlischer Natur. Alle über den Erdkreis hin verstreuten Gläubigen stehen mit den übrigen im Heiligen Geiste in Gemeinschaft, und so weiß ›der, welcher zu Rom wohnt, daß die Inder seine Glieder sind‹.« Im selben Dokument lesen wir eine der wichtigsten Aussagen des II. Vatikanums: »Kraft dieser Katholizität bringen die einzelnen Teile ihre eigenen Gaben den übrigen Teilen und der ganzen Kirche hinzu, so daß das Ganze und die einzelnen Teile zunehmen aus allen, die Gemeinschaft miteinander halten und zur Fülle in Einheit zusammenwirken« (LG 13).

In Christus ist *die Kirche in vieler Hinsicht eine Gemeinschaft.* Ihr Gemeinschaftscharakter macht sie der dreieinigen göttlichen Gemeinschaft des Vaters, des Sohnes und des Heiligen Geistes ähnlich. Dank dieser Gemeinschaft ist sie Werkzeug des Heils der Menschen. In sich trägt sie das Mysterium des Erlösungsopfers, aus dem sie ohne Unterlaß schöpft. Durch das Blut, das er vergossen hat, geht Jesus Christus »in das Heiligtum Gottes ein, nachdem er eine ewige Erlösung bewirkt hat« (vgl. Hebr 9,12).

So ist also Christus das handelnde Subjekt, das das Heil der Menschheit wirkt. Die Kirche ist es insofern, als sie durch Christus und in Christus wirkt. Das Konzil lehrt: »Christus allein ist Mittler und Weg zum Heil, der in seinem Leib, der Kirche, uns gegenwärtig wird; indem er aber selbst mit ausdrücklichen Worten die Notwendigkeit des Glaubens und der Taufe betont hat (vgl. Mk 16,16; Joh 3,5), hat er zugleich die Notwendigkeit der Kirche, in die die Menschen durch die Taufe wie durch eine Türe eintreten, bekräftigt. Darum könnten jene Menschen nicht gerettet werden, die um die katholische Kirche und ihre von Gott durch Christus gestiftete Heilsnotwendigkeit wissen, in sie aber nicht eintreten oder in ihr nicht ausharren wollten« (LG 14).

Hier beginnt die Darlegung der konziliaren Lehre über die Kirche, insofern sie als handelndes Subjekt in Christus das Heil wirkt: »Jene werden der Gemeinschaft der Kirche voll eingegliedert, die, im Besitze des Geistes Christi, ihre ganze Ordnung und alle in ihr eingerichteten Heilsmittel annehmen und in ihrem sichtbaren Verband mit Christus, der sie durch den Papst und die Bischöfe leitet, verbunden sind, und dies durch die Bande des Glaubensbekenntnisses, der Sakramente und der kirchlichen Leitung und Gemeinschaft. Nicht gerettet wird aber, wer, obwohl der Kirche eingegliedert, in der Liebe nicht verharrt und im Schoße der Kirche zwar ›dem Leibe‹, aber nicht ›dem Herzen‹ nach verbleibt. Alle Söhne der Kirche sollen aber dessen eingedenk sein, daß ihre ausgezeichnete Stellung nicht den eigenen Verdiensten, sondern der besonderen Gnade Christi zuzuschreiben ist; wenn sie ihr im Denken, Reden und Handeln nicht entsprechen, wird ihnen statt Heil ein strengeres Gericht zuteil« (LG 14).

Ich meine, daß die Worte des Konzils die in Ihrer Frage aufgeworfenen Schwierigkeiten zufriedenstellend erklären; sie verdeutlichen, *in welcher Weise die Kirche für das Heil notwendig ist.*

Das Konzil spricht im Hinblick auf die Christen von der *Teilhabe an der Kirche* und im Hinblick auf die an Gott glaubenden Nichtchristen, auf die Menschen, die guten Willens sind, von der *Hinordnung auf die Kirche* (vgl. dazu LG 15-16). Diese Dimensionen sind beide wichtig für das Heil, und jede einzelne besteht aus mehreren Stufen. Die Menschen werden *durch die Kirche* und *in* der Kirche gerettet, doch immer *dank* Christi. Abgesehen von der ausdrücklichen Teilhabe können auch *andere Formen der Hinordnung dem Bereich des Heils zugehören.* Paul VI. legt diese Lehre in seiner ersten Enzyklika »*Ecclesiam suam*« dar, wenn er von *verschiedenen Kreisen des Heilsdialogs* spricht (Nr. 101-117), die identisch sind mit den vom Konzil bezeichneten Bereichen der Teilhabe an der Kirche und der Hinordnung auf sie. Dies ist der gültige Sinn der bekannten Aussage: »Außerhalb der Kirche ist kein Heil.«

Es dürfte schwierig sein, nicht zuzugeben, daß dies eine äußerst offene Lehre ist. Man kann sie *keiner ekklesiologischen Exklusivität* beschuldigen. Die, die sich gegen die vermeintlichen Behauptungen der katholischen Kirche auflehnen, kennen diese Lehre vermutlich nicht so, wie sie sollten.

Die katholische Kirche freut sich, wenn die anderen christlichen Gemeinschaften das Evangelium mit ihr verkünden, obschon sie weiß, daß ihr allein *die Fülle des Heils anvertraut wurde. Das »subsistit« der konziliaren Lehre muß in diesem Zusammenhang gesehen werden* (vgl. die Konstitution »Lumen gentium« 8; das Dekret »Unitatis redintegratio« 4).

Die Kirche ist, gerade weil sie katholisch ist, offen für den Dialog mit allen anderen Christen, mit den Anhängern der nichtchristlichen Religionen und auch, wie Johannes XXIII. und Paul VI. zu sagen pflegten, mit den Menschen guten Willens. Was das heißt, »Menschen guten Willens«, das steht auf grundlegende und überzeugende Weise in »Lumen gentium«. Die Kirche möchte das Evangelium *gemeinsam mit denen verkünden,* die *sich zu Christus bekennen.* Sie möchte allen den Weg des ewigen Heils weisen, das heißt die Grundsätze des Lebens im Geist und in der Wahrheit.

Gestatten Sie mir, daß ich noch einmal von den Jahren meiner frühesten Jugend spreche. Ich erinnere mich, daß mir mein Vater eines Tages ein Gebetbuch gab, in dem das *Gebet zum Heiligen Geist* stand. Er trug mir auf, es täglich zu beten. Und seit jenem Tag versuche ich, dies zu tun. Damals verstand ich zum ersten Mal, was die Worte Christi an die Samariterin über die wahren Gottesanbeter bedeuten, das heißt jene, die Gott im Geist und in der Wahrheit anbeten (vgl. Joh 4,23). Mein weiterer Lebensweg hatte viele Stationen. Bevor ich ins Seminar eintrat, traf ich einen Laien namens Jan Tyranowski, der ein wahrer Mystiker war. Jener Mann, den ich für einen Heiligen halte, führte mich in die großen spanischen Mystiker ein, wobei er mich vor allem mit dem hl. Johannes vom Kreuz bekannt machte. Noch bevor ich in das Geheimseminar eintrat, las ich die Werke und vor allem die Gedichte dieses großen Mystikers. Um sie in der Originalausgabe lesen zu können, erlernte ich die spanische Sprache. Dies war ein sehr wichtiger Abschnitt in meinem Leben.

Ich meine jedoch, daß hierbei *die Worte meines Vaters eine entscheidende Rolle gespielt haben, weil sie mich dazu gebracht haben, ein wahrer Anbeter Gottes zu sein;* mich darum zu *bemühen,* zu seinen wahren Anbetern zu gehören, das heißt zu denen, die ihn im Geist und in der Wahrheit anbeten. Ich erfuhr die Kirche als Gemeinschaft des Heils. In dieser Kirche fand ich meinen Platz und meine Berufung. Nach und nach lernte ich die Bedeutung der von Christus bewirkten Erlösung und damit auch die Bedeutung der Sakramente und insbesondere der heiligen Messe kennen. Ich erfuhr auch, wie hoch der Preis für unsere Erlösung war. Und all dies führte mich noch tiefer in das Geheimnis der Kirche ein, die als Geheimnis eine unsichtbare Dimension hat. Daran hat das Konzil erinnert. *Dieses Geheimnis ist größer als die sichtbare Struktur der Kirche und ihre Orga-*

nisation. Struktur und Organisation dienen dem Mysterium. Als mystischer Leib Christi durchdringt und umfaßt die Kirche uns alle. *Ihre geistlichen und mystischen Dimensionen sind viel größer als alles, was die soziologischen Statistiken beweisen können.*

22

AUF DER SUCHE NACH DER VERLORENEN EINHEIT

Nach dieser letzten Antwort stellt sich spontan folgende Frage:Abgesehen von unbestreitbaren Ergebnissen scheint der ökumenische Dialog – das Eintreten für die Einheit der Christen gemäß dem Gebet Christi zum Vater – nicht ohne Enttäuschungen verlaufen zu sein. Als jüngstes Beispiel sind einige Beschlüsse der anglikanischen Kirche zu nennen, die gerade dort eine Kluft entstehen lassen, wo die meiste Hoffnung auf eine Wiedervereinigung bestand. Heiliger Vater, welche Eindrücke und welche Hoffnungen haben Sie in bezug auf dieses Thema?

Bevor wir von Enttäuschungen sprechen, ist es angebracht, einen Blick auf die Initiative des II. Vatikanischen Konzils zu werfen, in der Geschichte der Kirche erneut den ökumenischen Weg einzuschlagen. Dieser Weg liegt mir sehr am Herzen. Ich stamme nämlich aus einer Nation, die ungeachtet ihres Rufes der vorherrschenden Katholizität eingewurzelte *ökumenische Traditionen* hat.

Im Laufe seiner tausendjährigen Geschichte hat Polen die Erfahrung gemacht, ein Staat vieler Nationalitäten und vieler christlicher und nichtchristlicher Bekenntnisse zu sein. Diese Tradition sorgt bis heute dafür, daß die Polen tolerant und Menschen gegenüber aufgeschlossen sind, die anders denken, eine andere Sprache sprechen, dieselben Glaubensgeheimnisse auf andere Weise verstehen, beten oder feiern. Dennoch hat es in der polnischen Geschichte immer wieder auch *konkrete Einigungsbestrebungen* gegeben. Die Brester Union des Jahres 1596 bedeutete den Anfang der Geschichte jenes Teils der Ostkirche, die sich heute katholische Kirche des ukrainisch-byzantinischen Ritus nennt, die damals jedoch vor allem die Kirche der lokalen russischen und weißrussischen Bevölkerung war.

Hiermit habe ich sozusagen die Antwort auf Ihre Frage eingeleitet, wie die Meinung derer zu bewerten sei, die die *Ergebnisse des ökumenischen Dialogs als enttäuschend empfinden.* Meiner Meinung nach ist die Tatsache als solche, daß der Weg, der alle Christen zur Einheit führen soll, mit erneutem Eifer eingeschlagen wurde, wichtiger als jede Enttäuschung. Während das Ende des zweiten Jahrtausends näher rückt, wird den Christen noch entschiedener bewußt als früher, daß die zwischen ihnen bestehenden Spaltungen im Widerspruch zum Gebet Christi im Abendmahlssaal stehen: »Alle sollen eins sein: Wie du, Vater, in mir bist und ich in dir bin, ... damit die Welt glaubt, daß du mich gesandt hast« (Joh 17,21).
Die Christen der verschiedenen Konfessionen und Gemeinschaften haben feststellen können, wie wahr diese Worte insbesondere mit Blick auf *die Missionstätigkeit* sind, die, wie ich bereits erwähnt habe, in jüngster Zeit, sowohl von seiten der katholischen Kirche als auch der verschiedenen anderen Kirchen und Gemeinschaften, sehr intensiv gewesen ist. Die Menschen, an die sich die Missionare wenden, wenn sie Christus und sein Evangelium verkündigen, und

denen sie Ideale von Brüderlichkeit und Einheit predigen, müssen sich unweigerlich Fragen zur Einheit stellen. Es ist tatsächlich notwendig zu wissen, welche dieser Kirchen oder Gemeinschaften diejenige Christi ist, weil er nämlich nur eine einzige Kirche gegründet hat, die in seinem Namen sprechen darf. So haben die an die Missionstätigkeit geknüpften Erfahrungen gewissermaßen die ökumenische Bewegung im heutigen Wortsinn in Gang gebracht.

Papst Johannes XXIII., der, von Gott angetrieben, das Konzil einberief, pflegte zu sagen, daß das, was uns als Christen trennt, viel geringer ist als das, was uns eint. Diese Aussage enthält *das Wesen ökumenischen Denkens.* Das II. Vatikanische Konzil ist dieser Richtung gefolgt, wie auch aus den bereits zitierten Abschnitten der Konstitution über die Kirche *»Lumen gentium«* hervorgeht; dazu kommen noch das Dekret über die Ökumenische Bewegung *»Unitatis redintegratio«* und die aus ökumenischer Sicht äußerst wichtige Erklärung über die religiöse Freiheit *»Dignitatis humanae«.*

Das, was uns eint, ist größer als das, was uns trennt: Die Dokumente des Konzils konkretisieren diese grundlegenden Gedanken von Johannes XXIII. Wir alle glauben nämlich an denselben Christus; und dieser Glaube ist im wesentlichen das Erbe der Lehre der ersten sieben, vor dem Jahr 1000 abgehaltenen ökumenischen Konzilien. Es existieren daher die Grundlagen für einen Dialog, für *eine Ausdehnung des Raumes der Einheit.* Sie muß parallel zur Überwindung der Spaltungen verlaufen, welche in hohem Maße das Ergebnis der Überzeugung sind, im ausschließlichen Besitz der Wahrheit zu sein.

Die Spaltungen stehen im Widerspruch zu allem, was Christus festgelegt hat. Man kann sich unmöglich vorstellen, daß diese Kirche, die von Christus auf dem Fundament der Apostel und Petri errichtet worden ist, nicht eine einzige sein sollte. Man kann aber begreifen, daß die Gläubigen im Laufe der Jahrhunderte durch den Kontakt zu anderen kulturellen und politischen Verhältnissen ein und dieselbe von Christus kommende Botschaft mit unterschiedlichen Akzentsetzungen haben auslegen können.

Wie dem auch sei, die unterschiedlichen Weisen, *den Glauben an Christus zu verstehen und auszuüben, können sich in bestimmten Fällen auch ergänzen;* es ist nicht gesagt, daß eine die andere notgedrungen ausschließt. Man muß guten Willens sein, um festzustellen, wie sich die unterschiedlichen Auslegungs- und Ausübungsformen des Glaubens gegenseitig berühren oder überschneiden. Es muß auch festgestellt werden, *wo die Grenzen der Trennung tatsächlich verlaufen, jenseits derer der Glaube gefährdet ist.* Es kann mit Fug und Recht behauptet werden, daß der Unterschied zwischen der katholischen Kirche und der orthodoxen Kirche nicht sehr groß ist. Was hingegen die aus der Reformation hervorgegangenen Kirchen und Gemeinschaften angeht, so muß man sich eingestehen, daß der Unterschied aufgrund der Verletzung einiger fundamentaler, von Christus grundgelegter Merkmale viel ausgeprägter ist.

Gleichzeitig muß jedoch betont werden, daß die *psychologischen und geschichtlichen Schwierigkeiten* in den orthodoxen Kirchen zuweilen größer sind als in einigen aus der Reformation hervorgegangenen Gemeinschaften. Daher sind persönliche Kontakte so wichtig. Davon überzeuge ich mich jedesmal, wenn ich Vertreter dieser Kirchen treffe, sei es in Rom, sei es auf Reisen in verschiedenen Teilen der

Welt. Schon die Tatsache, daß man sich zum gemeinsamen Gebet treffen kann, ist aussagekräftig. Denn vor einigen Jahrzehnten wäre dies absolut undenkbar gewesen. In diesem Zusammenhang möchte ich einige Besuche erwähnen, die unter ökumenischen Gesichtspunkten von besonderer Bedeutung waren; so zum Beispiel meine Besuche in Großbritannien und den skandinavischen Ländern.

Allgemein kann man beobachten, daß *die subjektiven Schwierigkeiten dort erheblicher sind, wo die Spaltung ursprünglich begonnen hat:* So sind sie, was den Protestantismus angeht, in Deutschland und in der Schweiz viel deutlicher zu spüren als beispielsweise in Nordamerika oder in Afrika. Niemals werde ich den Satz vergessen, den Vertreter der protestantischen Gemeinschaften während einer ökumenischen Begegnung in Kamerun formuliert haben: *»Wir wissen, daß wir getrennt sind, doch wir wissen nicht, warum.«* In Europa stellt sich dieses Problem natürlich anders. Dennoch könnten zahlreiche Zeugnisse zitiert werden, die beweisen, wie sehr der Wunsch und die Suche nach Einheit wächst.

Natürlich mußten die Enttäuschungen, auf die Sie angespielt haben, unweigerlich jene Personen und Kreise berühren, die sich die Frage nach der Einheit der Christen zu einfach oder, sagen wir, zu oberflächlich gestellt haben. In ihrer Begeisterung und ihrem Optimismus gaben sie sich der Illusion hin, daß das II. Vatikanische Konzil mit diesem Problem zu Ende gekommen sei. Das Konzil hat aber nur die Straße geöffnet, die zur Einheit führen soll. Und diese Öffnung sollte vor allem die katholische Kirche zu mehr Einsatz bewegen. Aber das *Beschreiten dieses Weges ist ein Prozeß,* der nach und nach die doktrinär, kulturell und sozial bedingten Hindernisse überwinden muß, welche sich im Laufe der Jahrhunderte angehäuft haben. Man muß sich also sozusagen *von Stereotypen und Gewohnheiten befreien* und vor allem *die Einheit entdecken, die tatsächlich bereits existiert.*

Vieles wurde auf diesem Wege bereits vollbracht. Der ökumenische Dialog ist auf verschiedenen Ebenen in Gang gekommen und trägt konkrete Früchte. Zahlreiche theologische Ausschüsse sind an der Arbeit. Wer diese Probleme aus der Nähe verfolgt, spürt unweigerlich und eindeutig den Hauch des Heiligen Geistes. Niemand gibt sich jedoch der Illusion hin, daß der Weg zur Einheit kurz und ohne Hindernisse sei. Vor allem müssen wir *viel beten.* Wir müssen ein Werk tiefer Umkehr vollbringen, das nur im gemeinsamen Gebet und einmütiger Arbeit zugunsten der Gerechtigkeit, des Friedens und einer christlicheren Ausrichtung der zeitlichen Ordnung verwirklicht werden kann; kurzum zugunsten all dessen, was jene übereinstimmend erbitten, die sich weltweit zu Jesus Christus bekennen.

Vor allem in unserem Jahrhundert ist vieles geschehen, was in tiefem Gegensatz zur Wahrheit des Evangeliums steht. Ich meine vor allem *die beiden Weltkriege,* die Konzentrations- und Vernichtungslager. Paradoxerweise haben womöglich gerade diese furchtbaren Ereignisse das ökumenische Bewußtsein unter den getrennten Christen gestärkt. Eine besondere Rolle hat diesbezüglich zweifellos die Vernichtung der Juden gespielt: Sie hat die Kirche und das Christentum mit der Frage nach der Beziehung zwischen dem Alten und dem Neuen Bund konfrontiert.

Im katholischen Bereich ist die Frucht der Reflexion über diese Beziehung in der Erklärung *»Nostra aetate«* des II.

Vatikanischen Konzils erkennbar. Sie hat in hohem Maße die Erkenntnis reifen lassen, daß die Söhne Israels unsere »älteren Brüder« sind. Es ist ein Reifungsprozeß, der sich im Dialog, vor allem im ökumenischen Dialog, vollzogen hat. In der katholischen Kirche ist dieser Dialog mit den Juden bezeichnenderweise beim Rat zur Förderung der Einheit der Christen angesiedelt, der sich zugleich mit dem Dialog zwischen den verschiedenen christlichen Gemeinschaften befaßt.

Ziehen wir all dies in Betracht, so muß man wohl zugeben, daß sich die katholische Kirche die ökumenische Aufgabe mit großer Begeisterung zu eigen gemacht hat; sie stellt sich ihr in all ihrer Vielschichtigkeit und tritt Tag für Tag mit großem Ernst dafür ein. Natürlich kann die tatsächliche Einheit nicht allein aus menschlicher Kraft erreicht werden. Die eigentliche Hauptperson bleibt der Heilige Geist. Er *wird zu entscheiden haben,* wann der Prozeß der Einheit weit genug vorangeschritten ist und die Menschen dafür reif sein werden.
Wann das sein mag? Das ist schwer voraussehbar. Auf alle Fälle sind sich die Christen angesichts des nahenden Beginns des dritten Jahrtausends bewußt geworden, daß das zweite Jahrtausend im Gegensatz zum ersten, welches die Zeit der ungeteilten Kirche war, im Osten und im Westen zu tiefen Spaltungen geführt hat, die heute wieder überwunden werden müssen.
Zum Jahr 2000 müssen wir zumindest in größerer Einheit und mit größerer Bereitwilligkeit antreten, den Weg jener Einheit einzuschlagen, für die Christus am Vorabend seines Leidens gebetet hat. Der Wert dieser Einheit ist unermeßlich. Es geht gewissermaßen um die Zukunft der Welt, es

geht um die Zukunft des Gottesreiches in der Welt. Die menschlichen Schwächen und Vorurteile dürfen den Plan Gottes für die Welt und die Menschheit nicht zerstören. Wenn wir all dies abwägen, so können wir mit einem gewissen Optimismus in die Zukunft blicken. Wir können darauf vertrauen, daß »er, der bei uns das gute Werk begonnen hat, es auch vollenden wird« (vgl. Phil 1,6).

23

WARUM GETRENNT?

Gottes Ratschlüsse sind oft unergründlich: Nur im Jenseits wird es uns gegeben sein, wirklich »zu sehen« und zu verstehen. Doch vielleicht ist es ja möglich, jetzt schon den Schimmer einer Antwort auf die jahrhundertealte Frage so vieler Gläubigen zu erhaschen: Warum hat der Heilige Geist nur all die vielen Teilungen und Feindschaften zwischen denen zugelassen, die ein und demselben Evangelium folgen und Jünger ein und desselben Christus sind?

Ja, wir können uns tatsächlich fragen: *Warum hat der Heilige Geist alle diese Teilungen zugelassen? Ihre Ursachen und ihr geschichtlicher Verlauf sind allgemein bekannt.* Man kann sich allerdings zu Recht fragen, ob es nicht auch eine »*metahistorische*« Ursache gibt.
Auf diese Frage lassen sich zwei Antworten finden. Eine eher *negative* Antwort sieht in dem Auseinanderbrechen der christlichen Einheit die bittere Frucht der Sünden der Christen. Eine andere, *positivere,* vertraut auf ihn, der das Gute sogar dem Bösen, den menschlichen Schwächen abzugewinnen vermag: Könnte es nicht auch so sein, daß diese Spaltungen ein Weg waren und sind, um die Kirche die vielfältigen Reichtümer entdecken zu lassen, die im Evangeli-

um Christi und in der von Christus bewirkten Erlösung enthalten sind? Vielleicht hätten diese Reichtümer anders nicht ans Licht gelangen können . . .

Allgemeiner gesehen kann man nämlich feststellen, daß für die menschliche Erkenntnis und für das menschliche Handeln auch eine gewisse *Dialektik* bedeutsam ist. Hat der Heilige Geist dies in seinem göttlichen Sich-Einlassen auf den Menschen etwa in Betracht gezogen? *Das Menschengeschlecht muß durch die Pluralität zur Einheit gelangen; es muß sich unter Berücksichtigung der Vielzahl an Denk- und Handlungsweisen, Kulturen und Gesellschaften in der einen Kirche versammeln.* Stünde eine solche Deutung nicht sogar eher mit der Weisheit Gottes, seiner Güte und Vorsehung in Einklang?

Doch kann dies keine Rechtfertigung für sich immer weiter vertiefende Trennungen sein! *Es muß die Zeit kommen, da sich die einigende Liebe offenbart!* Zahlreiche Zeichen lassen darauf schließen, daß diese Zeit tatsächlich da ist. Die Bedeutung der Ökumene für das Christentum tritt klar hervor. Sie befolgt die Aufforderung des ersten Petrusbriefes: »Seid stets bereit, jedem Rede und Antwort zu stehen, der nach der Hoffnung fragt, die euch erfüllt« (1 Petr 3,15).

Gegenseitige Achtung ist eine Voraussetzung für eine authentische Ökumene. Ich habe Erfahrungen erwähnt, die ich in meinem Heimatland gemacht habe, und dabei habe ich hervorgehoben, wie aus den Wechselfällen der Geschichte dieses Landes eine Gesellschaft entstanden ist, der mehrere Konfessionen und Nationalitäten angehören – eine Gesellschaft, die sich durch große Toleranz auszeichnet. In den Zeiten, zu denen im Abendland »Ketzer«-Prozesse stattfanden und Häretiker auf dem Scheiterhaufen verbrannt wurden, stellte der letzte polnische König aus dem Geschlecht der Jagiellonen diese Toleranz unter Beweis, indem er sagte: »Ich bin nicht der König eures Gewissens.«

Erinnern wir uns im übrigen daran, daß Petrus von Jesus mit der Hirtenaufgabe betraut wurde, die Einheit der Herde zu wahren. *Das Petrusamt* ist daher auch *das Amt der Einheit,* das sich besonders im Bereich der Ökumene zu bewähren hat. Die Aufgabe Petri ist, stets die Wege zu suchen, die der Wahrung der Einheit dienen. Er darf daher keine Hindernisse schaffen, sondern er muß Mittel und Wege suchen – was absolut nicht im Widerspruch steht zu der Aufgabe, die Christus ihm anvertraut hat: »die Brüder im Glauben zu stärken« (vgl. Lk 22,32).

Es ist außerdem bezeichnend, daß Christus diese Worte ausgerechnet in dem Moment ausspricht, als der Apostel sich anschickt, ihn zu verleugnen. Es ist, als wollte der Herr selber sagen: Erinnere dich, daß du schwach bist und daß auch du der ständigen Umkehr bedarfst! *Du kannst die anderen stärken in dem Maße, in dem du dir deiner eigenen Schwäche bewußt bist.* Ich gebe dir als Aufgabe die Wahrheit mit, die große Wahrheit Gottes, die für das Heil des Menschen bestimmt ist. Doch kann diese Wahrheit nur durch die Liebe gepredigt und verwirklicht werden.

Es ist immer notwendig, sich von der Liebe geleitet an die Wahrheit zu halten (vgl. Eph 4,15: *veritatem facere in caritate*).

24

DIE KIRCHE IM KONZIL

*Gestatten Sie mir, daß ich mich weiterhin – und stets mit
dem Ziel, Anstöße zu geben – zum Sprachrohr derer mache, die weder optimistisch noch pessimistisch sein wollen, sondern einfach nur auf einen zwar harten, aber un-
umgänglichen Realismus zurückgreifen möchten. Sie
wissen zweifellos, daß nicht wenige Menschen immer
noch der Meinung sind, die vom II. Vatikanischen Konzil
vollzogene Öffnung hätte – um eine Bilanz der nachkonziliaren Jahrzehnte zu ziehen – eher jene, die »in« der
Kirche waren, dazu veranlaßt, aus ihr auszutreten, als
diejenigen, die »außerhalb« standen, in sie einzutreten.
Es werden auch alarmierende Meldungen über die Lage
der Kirche laut: Ihre Einheit in Glauben und Leitung sei
nicht mehr so stark, sondern werde von zentrifugalen
Tendenzen bedroht.*

Erlauben Sie mir, mit einem solchen Ausblick nicht einverstanden zu sein. Aus dem, was ich bisher gesagt habe, ergibt
sich für mich eine Einschätzung des Problems, die von der
Ihren abweicht. Meine Einstellung kommt aus dem Glauben
an den Heiligen Geist, der die Kirche lenkt, und auch aus
einer sorgfältigen Beobachtung der Fakten. *Das II. Vatika-*

nische Konzil ist ein großes Geschenk für die Kirche gewesen; es war ein Geschenk für die ganze Menschheitsfamilie, für uns alle.

Es ist schwer, etwas Neues über das II. Vatikanische Konzil zu sagen. Gleichzeitig muß aber ständig darauf Bezug genommen werden, weil es für die Kirche und die Welt zu einer Aufgabe und einer Herausforderung geworden ist. Wir müssen *über das Konzil sprechen, um es richtig auszulegen und vor tendenziösen Auslegungen zu schützen.* Solche Interpretationen gibt es tatsächlich, und sie sind auch nicht erst nach dem Konzil aufgetreten. Das Konzil hat sie in gewisser Weise in der Welt und sogar in der Kirche schon vorgefunden. In ihnen kam die mehr oder weniger große innere *Bereitschaft zum Ausdruck, das Konzil anzunehmen, es zu verstehen und sich im Leben dafür einzusetzen.*

Ich hatte das ganz *besondere Glück, vom ersten bis zum letzten Tag am Konzil teilnehmen zu können.* Dies war absolut nicht selbstverständlich, da das kommunistische Regime in meinem Land die Reise nach Rom als Privileg betrachtete, über das es selber bestimmen wollte. Wenn es mir unter diesen Umständen gegeben war, vom Anfang bis zum Ende am Konzil teilzunehmen, so darf darin zu Recht eine *besondere Gunst Gottes* gesehen werden.

Auf der Grundlage dieser konziliaren Erfahrung schrieb ich »*An den Quellen der Erneuerung*«. Am Anfang des Buches wies ich darauf hin, daß es ein *Versuch* sein sollte, *die Bringschuld zu begleichen,* die jeder Bischof durch seine Teilnahme am Konzil dem Heiligen Geist gegenüber hatte. Ja, das Konzil hatte etwas vom Pfingstfest an sich: Es wies den Bischöfen der ganzen Welt, und damit auch der Kirche, die Wege, denen sie am Ende des zweiten Jahrtausends folgen sollten. Wege, von denen Paul VI. in der Enzyklika »*Ecclesiam suam*« spricht (vgl. Nr. 60 ff.).

Als ich meine Tätigkeit im Konzil aufnahm, war ich ein junger Bischof. Ich erinnere mich, daß sich mein Platz zunächst am Eingang des Petersdoms befand, während er von der dritten Sitzungsperiode an, nachdem ich zum Erzbischof von Krakau ernannt worden war, mehr in die Nähe des Altares rückte.

Das Konzil bot die einzigartige Gelegenheit, anderen zuzuhören, aber auch schöpferisch zu denken. Selbstverständlich leisteten die älteren und erfahreneren Bischöfe einen größeren Beitrag zur Ausformung des konziliaren Gedankenguts. Zu Beginn befand ich mich, weil ich eben jung war, eher in einer Art Lernphase; nach und nach vermochte ich jedoch aktiver an den Beratungen teilzunehmen.

So befand ich mich bereits während der dritten Sitzungsperiode *in der Gruppe, die das sogenannte XIII. Schema vorbereitete:* das Dokument, das dann zur Pastoralkonstitution »*Gaudium et spes*« werden sollte. Auf diese Weise konnte ich an den äußerst interessanten Arbeiten dieser Gruppe teilnehmen, die sich aus Vertretern der theologischen Kommissionen und des Laienapostolats zusammensetzte. Ich werde das Treffen von Ariccia im Januar 1965 nie vergessen. Zu großem Dank war ich Kardinal Gabriel-Maria Garrone für seine wesentliche Hilfe bei der Ausarbeitung des neuen Dokuments verpflichtet. Dasselbe gilt für andere Bischöfe und Theologen, mit denen ich am selben Arbeitstisch saß. Vieles verdanke ich Pater Yves Congar und Pater Henri de Lubac. Ich erinnere mich noch genau an die Worte, mit denen mich Pater de Lubac dazu ermutigte, der Linie treu zu bleiben, die ich während der Diskussion eingeschlagen hatte. Dies geschah, als die Sitzungen schon im Vatikan stattfanden. Seit diesem Moment verband mich mit Pater de Lubac eine besondere Freundschaft.

Das Konzil – oder wie man es damals nannte: das »*Seminar des Heiligen Geistes*« – war *eine wichtige Erfahrung der Kirche.* Im Konzil sprach der Heilige Geist zur gesamten Kirche in ihrer Universalität, die durch die Teilnahme der Bischöfe aus der ganzen Welt gewährleistet war. Prägend wirkte sich auch die Anwesenheit von Repräsentanten zahlreicher nichtkatholischer Kirchen und Gemeinschaften aus. Das, was der Heilige Geist sagt, ist stets zutiefst vom ewigen Geheimnis durchdrungen. Es weist den Menschen zugleich den Weg, da sie die Aufgabe haben, dieses Geheimnis in die heutige Welt zu tragen. Schon die Tatsache, daß diese Menschen vom Heiligen Geist zusammengerufen werden und daß sie während des Konzils eine besondere Gemeinschaft bilden, die gemeinsam zuhört, gemeinsam betet, gemeinsam denkt und schafft, ist von grundlegender Bedeutung für die Evangelisierung, *für jene neue Evangelisierung, die mit dem II. Vatikanum begonnen hat.* All dies steht in enger Verbindung mit einem neuen Abschnitt in der Geschichte der Menschheit und auch in der Geschichte der Kirche.

25

ANOMAL, ABER NOTWENDIG

Für den Heiligen Vater besteht somit kein Zweifel: Zu jener Zeit der Kirchen- und der Weltgeschichte war ein ökumenisches Konzil wie das II. Vatikanum nötig, das im Vergleich zu den zwanzig vorausgegangenen – vom Konzil zu Nizäa im Jahre 325 bis hin zum I. Vatikanum 1869 – in seinem Stil wie in seinen Inhalten als »anomal« zu bezeichnen ist.

Es war nicht so sehr deswegen notwendig, weil einer ganz bestimmten Häresie entgegengewirkt werden sollte, wie das in den ersten Jahrhunderten der Fall war, sondern vielmehr, um einen bipolaren Prozeß einzuleiten. Auf der einen Seite sollte der Auseinanderentwicklung der Christenheit, wie sie das gesamte zweite Jahrtausend gekennzeichnet hat, ein Ende gesetzt werden; auf der anderen Seite sollte an der Schwelle zum dritten Jahrtausend soweit wie möglich eine gemeinsame Verkündigung des Evangeliums eingeleitet werden.

In dieser Hinsicht unterscheidet sich, wie Sie richtig beobachten, das II. Vatikanische Konzil von den vorhergehenden vor allem aufgrund *seines besonderen Stils*.

Dieser Stil war nicht defensiv. Nicht ein einziges Mal trifft man in den Konzilsdokumenten auf die Worte *anathema sit* (er/sie sei ausgeschlossen). Das Konzil hatte einen *ökumenischen Stil,* der durch eine große Bereitschaft zum Dialog charakterisiert war. Papst Paul VI. hat ihn als »Dialog des Heils« bezeichnet.

Dieser Dialog also sollte sich nicht nur auf den christlichen Bereich beschränken, sondern auch die nichtchristlichen Religionen mit einbeziehen und die gesamte kulturelle und zivilisierte Welt, auch die Nichtgläubigen, erreichen. *Die Wahrheit duldet nämlich keine Grenzen.* Sie ist für alle und für jeden da. Und wenn diese Wahrheit in der Liebe verwirklicht wird (vgl. Eph 4,15), so wird sie noch mehr universal. Dies war der Stil des II. Vatikanischen Konzils, der Geist, in dem es stattgefunden hat.

Dieser Stil und dieser Geist gehören auch künftig zur wesentlichen Wahrheit über das Konzil; nicht aber die politischen und nicht-religiösen Streitereien zwischen »Progressiven« und »Konservativen«, auf die einige das Konzil haben reduzieren wollen. In diesem Sinn wird das II. Vatikanum noch für lange Zeit eine Herausforderung für alle Kirchen und eine Aufgabe für jedermann sein.

In den Jahrzehnten seit Beendigung des II. Vatikanums haben wir erleben können, wie diese Herausforderung und diese Aufgabe unter verschiedenen Aspekten und in unterschiedlichem Ausmaß angenommen wurden. Dies geschah vor allem bei den *nachkonziliaren Synoden:* sowohl bei den vom Papst einberufenen allgemeinen Bischofssynoden als auch bei den Synoden der einzelnen Diözesen und Kirchenprovinzen. Aus Erfahrung weiß ich, daß diese Synodenform den Erwartungen der verschiedensten Kreise entspricht, und ich weiß auch, welche Früchte sie hervorbringt. Ich denke an die Diözesan-Synoden, die sich nahezu spontan der alten klerikalen Einseitigkeit entledigt haben und ein Mittel geworden sind, um die *Verantwortung eines jeden der Kirche gegenüber* auszudrücken. Diese gemeinschaftliche Verantwortung, welche die Laien heute ganz besonders spüren, ist mit Sicherheit eine Quelle der Erneuerung. Sie gestaltet im Hinblick auf das dritte Jahrtausend das Erscheinungsbild der Kirche für die neuen Generationen.

Anläßlich des zwanzigsten Jahrestages der Beendigung des Konzils wurde für das Jahr 1985 eine außerordentliche Bischofssynode einberufen. Ich erinnere daran, weil aus dieser Synode die Initiative zum *Katechismus der Katholischen Kirche* hervorgegangen ist. Einige Theologen und zuweilen ganze theologische Kreise verbreiteten die These, daß ein Katechismus nicht mehr nötig sei, da diese Form der Glaubensvermittlung überholt und damit aufzugeben sei. Sie äußerten überdies die Meinung, daß ein Katechismus der Gesamtkirche nicht zu verwirklichen sei. Es waren dieselben Kreise, die seinerzeit auch den neuen Kodex des Kanonischen Rechts, den bereits Johannes XXIII. angekündigt hatte, für unnütz oder unangemessen befunden hatten. Die Bischöfe erklärten hingegen in der Synode, daß der neue Kodex eine weise Initiative gewesen sei, die einem Bedürfnis der Kirche entgegenkomme.

Unentbehrlich war der Katechismus auch deshalb, *weil nach dem II. Vatikanischen Konzil der Reichtum des kirchlichen Lehramtes eine neue Synthese und zugleich in einem gewissen Sinn eine neue Ausrichtung erforderlich machte.* Ohne den Katechismus der Gesamtkirche wäre dies unmöglich zu erreichen gewesen. Die einzelnen Gebiete sollten dann nach ihren jeweiligen lokalen Bedürfnissen und auf der Grundlage dieses Textes des Lehramtes ihren eigenen

Katechismus schaffen. In relativ kurzer Zeit wurde die große Synthese erreicht. Wirklich, die ganze Kirche hat sich daran beteiligt. Besonders Verdienste hat sich dabei Kardinal Joseph Ratzinger erworben, der Präfekt der Kongregation für die Glaubenslehre. Der 1992 veröffentlichte Katechismus ist auf dem Büchermarkt weltweit ein Bestseller geworden – ein Beweis für die große Nachfrage nach dieser Art Lektüre, die auf den ersten Blick eher unpopulär erscheinen mag.

Das Interesse am Katechismus dauert an. Wir stehen damit vor einer neuen Realität. *Der Ideologien überdrüssig, öffnet sich die Welt der Wahrheit.* Die Zeit ist gekommen, da der Glanz dieser Wahrheit *(veritatis splendor)* erneut die Finsternis des menschlichen Daseins zu erhellen beginnt. Auch wenn es schwierig ist, schon jetzt auf der Grundlage dessen, was bisher vollbracht wurde und gerade vollbracht wird, zu urteilen, so kann man doch mit Sicherheit sagen, daß *das Konzil kein toter Buchstabe bleiben wird.*

Der Geist, der durch das II. Vatikanische Konzil gesprochen hat, hat nicht vergebens gesprochen. Die Erfahrung dieser Jahre läßt uns neue Perspektiven der Öffnung für jene göttliche Wahrheit erkennen, die die Kirche verkünden soll, »ob man sie hören will oder nicht« (2 Tim 4,2). Jeder Diener des Evangeliums sollte dem Heiligen Geist für die Gabe des Konzils Dank sagen und sich stets als sein Schuldner fühlen. Um diese Schuld abzutragen, bedarf es noch vieler Jahre und vieler Generationen.

26
QUALITATIVE ERNEUERUNG

Es sei mir die Bemerkung erlaubt, daß Ihre so klar gesprochenen Worte einmal mehr die Voreingenommenheit und Kurzsichtigkeit derer Lügen strafen, die den Verdacht gegen Sie erhoben haben, Sie hätten in bezug auf die konziliaren Neuerungen »restaurative« Absichten und »reaktionäre« Pläne.

Wie dem auch sei, Sie wissen bestimmt, daß nur wenige die Richtigkeit der in der Kirche eingeleiteten Erneuerung bezweifeln. Was von einigen diskutiert wird, ist gewiß nicht das II. Vatikanum; es werden vielmehr bestimmte Auslegungen in Frage gestellt, von denen behauptet wird, daß sie von den Absichten der Konzilsväter abweichen.

Gestatten Sie mir also, mich dieser von Ihnen – wie manche andere – provokativ gestellten Frage zuzuwenden: Hat das Konzil die Tore weit aufgemacht, damit die Menschen von heute in die Kirche eintreten oder aber sie verlassen können?

Die Ihren Worten zu entnehmende Meinung entspricht bis zu einem gewissen Grad der Wahrheit, vor allem wenn wir *die Kirche* in ihrer *westeuropäischen Dimension* im Blick haben (obschon wir auch in Westeuropa zu Zeugen vieler

183

Anzeichen religiöser Erneuerung werden). Die Lage der Kirche muß jedoch global bewertet werden. Alles muß berücksichtigt werden: *was heute in Mittel- und Osteuropa sowie außerhalb Europas* geschieht, was in Nord- und Südamerika, in den Missionsländern und vor allem in Afrika, dem weiten Gebiet des Indischen Ozeans und des Pazifiks, ja bis zu einem gewissen Grad sogar in den asiatischen Ländern einschließlich Chinas geschieht. In vielen dieser Länder ist die Kirche auf dem Fundament von Märtyrern errichtet worden, und auf diesem Fundament wächst sie mit erneuerter Kraft; zwar als Kirche der Minderheit, doch als sehr lebendige Kirche.

Seit dem Konzil wohnen wir einer *vor allem qualitativen Erneuerung* bei. Obwohl es immer weniger Priester und Berufungen gibt, *erwachen und wachsen Bewegungen mit religiösem Charakter*. Sie entstehen auf einer etwas anderen Grundlage als die früheren katholischen Verbände, die eher sozialen Charakter hatten und, inspiriert von der diesbezüglichen kirchlichen Lehre, die Umwandlung der Gesellschaft und die Wiederherstellung der sozialen Gerechtigkeit anstrebten. Einige traten in einen so intensiven Dialog mit dem Marxismus ein, daß sie in gewissem Maße ihre katholische Identität verloren.

Die neuen Bewegungen hingegen sind eher auf eine Erneuerung der Person ausgerichtet. Der Mensch ist das erste Ziel allen sozialen und geschichtlichen Wandels, doch um diese Rolle ausüben zu können, muß er sich selbst in Christus, im Heiligen Geist erneuern. Dies ist eine für die Zukunft der Kirche sehr vielversprechende Richtung. *Früher erfolgte die Erneuerung der Kirche vor allem über die geistlichen Orden.* So war es beispielsweise in der Zeit nach

184

dem Niedergang des Römischen Reichs mit den Benediktinern und im Mittelalter mit den Bettelorden, den Franziskanern und Dominikanern; so war es nach der Reformation mit den Jesuiten und anderen Initiativen; im 18. Jahrhundert waren es die Redemptoristen und Passionisten und im 19. Jahrhundert die dynamischen missionarischen Kongregationen wie die Steyler Missionare, die Salvatorianer und natürlich die Salesianer.

Neben den geistlichen Orden, auch den unlängst gegründeten, und den zu erstaunlicher Blüte gelangten Säkularinstituten in unserem Jahrhundert sind während der konziliaren und nachkonziliaren Zeit diese neuen Bewegungen entstanden. Obgleich auch geweihte Personen in ihnen tätig sind, werden sie doch hauptsächlich von Laien getragen, die verheiratet sind und unterschiedliche Berufe ausüben. Das Ideal der Erneuerung der Welt in Christus entsteht in direkter Fortsetzung der in der Taufe übernommenen grundlegenden Verpflichtung.

Es wäre nicht richtig, in der heutigen Zeit nur von Abkehr von der Kirche zu sprechen. Es muß auch die Rückkehr zu ihr erwähnt werden. *Vor allem ist eine tiefgreifende Veränderung des Basismodells im Gange.* Ich denke dabei an Europa und Amerika, insbesondere Nordamerika, und in einem anderen Sinn an Südamerika. *Das traditionelle, quantitative Modell verwandelt sich in ein neues, eher qualitatives Modell.* Und auch das ist ein Ergebnis des Konzils.

Das II. Vatikanum hat in dem Moment stattgefunden, da das alte Modell dem neuen zu weichen begann. Daher muß gesagt werden, daß *das Konzil im richtigen Augenblick einberufen wurde* und eine Aufgabe übernommen hat, die damals nicht nur die Kirche, sondern die ganze Welt brauchte.

Wenn die nachkonziliare Kirche im Bereich der Lehre oder der Disziplin Schwierigkeiten hat, so sind diese keinesfalls so schlimm, daß sie ernsthaft zu neuen Spaltungen führen könnten. Die Kirche des II. Vatikanischen Konzils, *die Kirche einer intensiven Kollegialität der Bischöfe der ganzen Welt,* dient der Menschheit auf unterschiedliche Weise. Sie stellt sich als wahrer Leib Christi dar, als Werkzeug seiner Heilssendung und der Erlösung, als Förderin der Gerechtigkeit und des Friedens. In einer geteilten Welt bleibt die übernationale Einheit der katholischen Kirche eine starke Kraft. Seinerzeit bekamen ihre Gegner das zu spüren; und auch heute ist sie in den verschiedenen Instanzen der Politik und der Weltorganisationen präsent. Nicht allen ist diese Kraft angenehm. In mancherlei Hinsicht wiederholt die Kirche ihr apostolisches *non possumus* (vgl. Apg 4,20). Hierin bleibt sie sich selbst treu und verbreitet jenen *veritatis splendor,* den der Heilige Geist auf das Antlitz seiner Braut ausgießt.

27

WENN DIE »WELT« NEIN SAGT

Ihr Rückgriff auf die nachdrückliche Aussage von Petrus und Johannes in der Apostelgeschichte (»Wir können unmöglich schweigen über das, was wir gesehen und gehört haben«: 4,20) erinnert uns daran, daß die Worte des Papstes – trotz aller Bereitschaft zum Gespräch – nicht immer und überall mit Wohlwollen aufgenommen werden. In nicht wenigen Fällen (zumindest, wenn man der möglicherweise entstellenden Wiedergabe der internationalen Medien Glauben schenken will) ist dann eine ausdrückliche, zuweilen heftige Ablehnung festzustellen, vor allem wenn die Kirche ihre Lehre bekräftigt – zumal zu Themen der Moral.

Sie sprechen das Problem der *Annahme der kirchlichen Lehre in der Welt von heute an,* insbesondere im Bereich der Ethik und Moral. Manch einer behauptet, daß die Kirche und der Papst in Fragen der Moral und insbesondere der Sexualethik nicht übereinstimmen mit den vorherrschenden Tendenzen der heutigen Welt, in der sich eine immer größere sittliche Freiheit breitmacht. Da sich die Welt in diese Richtung entwickelt, mag der Eindruck entstehen, daß die Kirche sich rückwärtsgewandt verhält oder jedenfalls die

Welt sich von ihr entfernt. Die Welt entfernt sich vom Papst, die Welt entfernt sich von der Kirche . . .

Dies ist eine sehr verbreitete Meinung, doch bin ich überzeugt, daß sie äußerst ungerecht ist. Einen Beweis hierfür liefert die Enzyklika »*Vertitatis splendor*«, obschon sie sich nicht direkt mit dem Bereich der Sexualethik befaßt, sondern mit der großen Gefahr, die der *sittliche Relativismus* für die abendländische Zivilisation darstellt. Papst Paul VI. hat dies sehr wohl erkannt, denn er wußte, daß er im Hinblick auf das wesentlich Gute im Menschen den Kampf gegen diesen Relativismus aufnehmen mußte. Mit seiner Enzyklika »*Humanae vitae*« setzte er die Mahnung des Apostels Paulus in die Tat um, der seinem Jünger Timotheus schrieb: »Verkünde das Wort, tritt dafür ein, ob man es hören will oder nicht . . . Denn es wird eine Zeit kommen, in der man die gesunde Lehre nicht erträgt . . .« (2 Tim 4,2-3). Prangern diese Worte des Apostels nicht gerade die heutigen Verhältnisse an?

Die Kommunikationsmittel haben die verschiedenen sozialen Schichten daran gewöhnt, »nach eigenen Wünschen« (vgl. 2 Tim 4,3) zu hören. Und noch schlimmer sieht es aus, wenn sich Theologen und besonders Moraltheologen mit den Medien zusammentun, die natürlich allem, was sie Gegensätzliches zur »gesunden Lehre« zu sagen oder zu schreiben haben, große Resonanz verschaffen. In der Tat, *wenn die wahre Lehre unpopulär ist,* ist es nicht erlaubt, eine leicht zu erreichende *Popularität* zu suchen. Die Kirche muß aufrichtig auf die Frage antworten: »Was muß ich Gutes tun, um das ewige Leben zu gewinnen?« (Mt 19,16) Christus ist uns zuvorgekommen, als er uns warnte, daß der Weg des Heils nicht weit und bequem, sondern eng und schmal sei (vgl. Mt 7,13-14). Wir haben nicht das Recht, diese Sichtweise aufzugeben oder zu verändern. Dies ist die Mahnung des Lehramtes, dies ist auch die Pflicht der Theologen – vor allem der Moraltheologen –, die als Mitarbeiter der lehrenden Kirche auf besondere Weise an ihr teilhaben. Selbstverständlich bleiben die Worte Jesu bezüglich der Lasten gültig, die gewisse Gesetzeslehrer den Menschen aufladen, ohne daß sie bereit wären, sie selbst mitzutragen (vgl. Lk 11,46). Man muß jedoch abwägen, *welche Last schwerer zu tragen ist: die Wahrheit, selbst dann, wenn sie anspruchsvoll ist, oder aber der Schein der Wahrheit, der moralische Richtigkeit nur vortäuscht.* Gerade »*Veritatis splendor*« hilft, dieses wesentliche Dilemma anzugehen, das die Menschen nunmehr offenbar zu verstehen beginnen. Ich denke tatsächlich, daß sie es heute besser verstehen als 1968, als Paul VI. »*Humanae vitae*« veröffentlichte.

Stimmt es, daß die Kirche stillsteht und daß sich die Welt von ihr entfernt? Kann man sagen, daß sich die Welt »nur« in Richtung einer größeren sittlichen Freiheit entwickelt? Steckt in diesen Worten nicht gerade der Relativismus, der für den Menschen so unheilvoll ist? Nicht nur bei der Abtreibung, sondern auch bei der Empfängnisverhütung geht es *letztendlich um die Wahrheit über den Menschen.* Wenn man sich von dieser Wahrheit entfernt, so heißt dies noch nicht, daß man sich weiterentwickelt, und es kann auch nicht als eine Maßnahme »ethischen Fortschritts« angesehen werden. In bezug auf solcherart Tendenzen muß jeder Hirte der Kirche, vor allem aber der Papst, besonders sensibel sein, damit die im zweiten Brief des Paulus an Timotheus enthaltene strenge Mahnung nicht unbeachtet bleibt:

»Du aber sei in allem nüchtern, ertrage das Leiden, verkünde das Evangelium, erfülle treu deinen Dienst!« (4,5)

Der Glaube an die Kirche heute. Im Glaubensbekenntnis – sowohl im Apostolischen als auch im Nizäno-Konstantinopolitanischen – sagen wir: *Ich glaube an die Kirche.* Wir stellen damit die Kirche auf dieselbe Ebene wie das Geheimnis der Allerheiligsten Dreifaltigkeit und die Geheimnisse der Menschwerdung und der Erlösung. Dennoch bedeutet dieser Glaube an die Kirche, wie Pater de Lubac sehr treffend gesagt hat, etwas anderes als der Glaube an die großen Geheimnisse Gottes selbst, da *wir nicht nur an die Kirche glauben, sondern sie gleichzeitig auch selber darstellen.* Mit dem Konzil können wir sagen, daß wir an die Kirche als ein Geheimnis glauben. Und zugleich wissen wir, daß wir als Gottesvolk Kirche sind. Wir sind die Kirche auch als Mitglieder der hierarchischen Struktur und vor allem als Teilhaber an der messianischen Sendung Christi, die mit drei Merkmalen zu umschreiben ist als prophetisch, priesterlich und königlich.

Man kann sagen, daß das Konzil unseren Glauben an die Kirche auf bedeutsame Weise erneuert und vertieft hat. Lange Zeit hat man in der Kirche eher die institutionelle, hierarchische Dimension gesehen, wobei die dem Gottesvolk eigene fundamentale Dimension der Gnade und des Charismas etwas vernachlässigt wurde.

Dank der Lehraussagen des Konzils, so können wir sagen, ist uns *der Glaube an die Kirche erneut als Aufgabe anvertraut worden.* Die nachkonziliare Erneuerung ist vor allem die Erneuerung dieses außerordentlich reichen und fruchtbaren Glaubens. Der Glaube an die Kirche, wie das II. Vatikanische Konzil ihn lehrt, führt zu einer Überprüfung zu starrer Schematisierungen: So muß beispielsweise bei der Unterscheidung zwischen *lehrender* Kirche und *lernender* Kirche darauf geachtet werden, daß jeder Getaufte auf der ihm zukommenden Ebene an der prophetischen, priesterlichen und königlichen Sendung Christi teilnimmt. *Es geht also nicht nur darum, Begriffe zu ändern, sondern Einstellungen zu erneuern,* wie ich in meiner bereits zitierten nachkonziliaren Studie *»An der Quelle der Erneuerung«* darzulegen versuchte.

Gestatten Sie mir, kurz auf die religiöse Lage im heutigen Europa zurückzukommen. Einige hatten erwartet, daß nach dem Niedergang des Kommunismus in allen sozialen Schichten *eine sozusagen instinktive Hinwendung zur Religion* erfolgen werde. Ist sie tatsächlich eingetreten? Bestimmt nicht so, wie manch einer sich das vorgestellt hat. Dennoch ist nicht zu verkennen, daß gerade in Rußland eine solche Entwicklung eingesetzt hat. Wie? Vor allem in Form einer Rückkehr zur Tradition und zur Praxis der orthodoxen Kirche. Darüber hinaus ist dort aber auch die katholische Kirche dank der wiedergewonnenen Religionsfreiheit zu neuem Leben erwacht. Sie ist in manchen Gebieten seit Jahrhunderten durch in Rußland lebende Polen, Deutsche, Litauer und Ukrainer präsent und schickt sich an, mit den protestantischen Gemeinschaften und zahlreichen *westlichen Sekten,* die über große finanzielle Mittel verfügen, gleichzuziehen.

In anderen Ländern vollzieht sich der Prozeß der Rückkehr zur Religion oder der Treue zur eigenen Kirche parallel zur Situation, wie sie die Kirche im Laufe der kommunistischen Unterdrückung und in gewissem Sinne auch im Verhältnis zu älteren Traditionen erlebt hat. Beispiele dafür sind Böhmen, die Slowakei, Ungarn oder auch Rumänien und Bulgarien mit orthodoxer Mehrheit. Wieder eine andere Problematik kennzeichnet die Länder des früheren Jugoslawien und die baltischen Staaten.

Aber worin besteht nun die wahre Kraft der Kirche? Natürlich liegt die Kraft der Kirche im Westen wie im Osten durch all die Jahrhunderte hindurch in dem Zeugnis der Heiligen, das heißt in dem Zeugnis derer, die sich die Wahrheit Christi zu eigen gemacht haben, die dem Weg gefolgt sind, der Christus selbst ist, die das Leben gelebt haben, das aus *ihm* im Heiligen Geist hervorgeht. An diesen Heiligen hat es der Kirche weder im Westen noch im Osten je gefehlt. Die Heiligen unseres Jahrhunderts waren zumeist *Märtyrer.* Die um die Jahrhundertmitte in Europa herrschenden totalitären Regime haben ihre Zahl noch größer werden lassen. Die Konzentrationslager, die Todeslager, in denen sich der ungeheuerliche Holocaust der Juden vollzogen hat, haben auch unter Katholiken, Orthodoxen und Protestanten Heilige, ja wahre Märtyrer, hervorgebracht. Man braucht nur an Pater Maximilian Kolbe und Edith Stein und zuvor noch an all die Märtyrer des Spanischen Bürgerkriegs zu erinnern. In Osteuropa ist das Heer der Heiligen, besonders der orthodoxen Märtyrer, unermeßlich groß; unter ihnen sind Russen, Ukrainer, Weißrussen und Opfer der weiten Gebiete jenseits des Urals. Es hat auch katholische Märtyrer in Rußland gegeben – wie in Weißrußland, in Litauen, im Baltikum, auf dem Balkan, in der Ukraine, in Galizien, Rumänien, Albanien und den Ländern des früheren Jugoslawien. Sie stellen die große Zahl derer, die, wie es in der Offenbarung heißt, »dem Lamm« (vgl. Offb 14,4) folgen. In ihrem Martyrium haben sie das Zeugnis der Erlösung durch Christus weitergegeben (vgl. Kol 1,24), und zugleich *bilden sie die Grundlage einer neuen Welt, des neuen Europa und einer neuen Zivilisation.*

28

GIBT ES DAS EWIGE LEBEN NOCH?

In der Kirche dieser letzten Jahre hat sich die Zahl der Wörter vervielfacht: Es scheint so, als habe man in den letzten zwanzig Jahren auf allen Ebenen der Kirche mehr »Dokumente« produziert als in den zwanzig vorhergehenden Jahrhunderten. Und doch haben manche den Eindruck, als verschweige diese so redselige Kirche das Wesentliche: das ewige Leben.

Heiliger Vater, »existieren« Paradies, Fegfeuer und Hölle noch? Warum geben so viele Kirchenleute unablässig Erklärungen über die aktuelle Lage ab und sprechen fast nie von der Ewigkeit, jener endgültigen Vereinigung mit Gott, die, wenn man den Glauben ernst nimmt, doch die Berufung, das Schicksal und das letzte Ziel des Menschen ist?

Schlagen Sie bitte das 7. Kapitel der Konzilskonstitution »Lumen gentium« auf, wo der endzeitliche Charakter der auf Erden pilgernden Kirche und auch ihre Einheit mit der himmlischen Kirche behandelt wird. Ihre Frage zielt nicht auf die Einheit der pilgernden Kirche mit der himmlischen Kirche, sondern auf das Band zwischen Eschatologie und irdischer Kirche. Diesbezüglich heben Sie hervor, daß dieser Aspekt in gewisser Weise verlorengegangen ist, und ich muß zugeben, daß Sie hier nicht ganz unrecht haben.

Erinnern wir uns daran, daß bis in nicht allzuweit zurückliegende Zeiten die *Letzten Dinge* – Tod, Gericht, Hölle, Paradies und Fegfeuer – in Predigten bei Einkehrtagen und Volksmissionen einen feststehenden Punkt des Meditationsprogramms darstellten und daß die Prediger sehr wirksam und eindrucksvoll davon sprechen konnten. Wie groß ist die Zahl der Menschen, die von diesen Predigten und Gedanken über die letzten Dinge zu Umkehr und Beichte geführt wurden!

Außerdem muß man zugestehen, daß dieser Pastoralstil *zutiefst personal* war: »Erinnere dich, daß du am Ende mit deinem ganzen Leben vor Gott erscheinen mußt, daß du vor seinem Gericht die Verantwortung für all deine Taten tragen mußt, daß nicht nur über deine Taten und Worte, sondern auch über deine geheimsten Gedanken gerichtet wird!« Wir können sagen, daß solche Predigten, die mit dem Inhalt der Offenbarung im Alten und Neuen Testament völlig in Einklang standen, zutiefst in das Innere des Menschen eindrangen. Sie rüttelten das Gewissen wach, sie warfen den Menschen auf die Knie und führten ihn zur Beichte; sie hatten eine zutiefst heilbringende Wirkung.

Der Mensch ist frei, und deshalb ist er verantwortlich. Seine Verantwortung ist persönlich und sozial; es ist eine Verantwortung vor Gott. Es ist die Verantwortung, in der seine Größe liegt. Ich verstehe, worin Ihre Befürchtung besteht: Sie fürchten, daß der Verlust dieser Inhalte der Verkündigung, von Predigt und Religionsunterricht *eine Gefahr für diese elementare Größe des Menschen darstellt.* Man kann sich tatsächlich fragen, ob die Kirche ohne diese Botschaft noch in der Lage wäre, Heroismus und Heilige hervorzubringen. Ich spreche nicht so sehr von jenen »Großen«, die seliggesprochen werden, sondern, im Sinne des ersten christlichen Schrifttums, von den »alltäglichen« Heiligen.

Es ist bedeutungsvoll, daß uns das Konzil auch an die allgemeine Berufung zur Heiligkeit in der Kirche erinnert. Diese Berufung ist universal, das heißt, sie geht alle Getauften, alle Christen an. Sie ist immer sehr persönlich und an die Arbeit und den Beruf gebunden. Es ist die Rechenschaft, die der Mensch darüber ablegen muß, ob er seine Talente gut oder schlecht genutzt hat. Wir wissen, daß die Worte Jesu an den Mann, der sein Geld, seine »Talente«, vergraben hat, sehr streng und entschieden sind (vgl. Mt 25,25-30).

Man kann sagen, daß noch in der jüngsten katechetischen und kerygmatischen Tradition der Kirche eine regelrecht *individuelle Eschatologie* vorherrschte, die sich an einer im übrigen tief in der göttlichen Offenbarung verwurzelten Dimension ausrichtete. Die Perspektive, die das Konzil vorschlägt, ist die einer *Eschatologie der Kirche und der Welt.* Der Titel des 7. Kapitels von »*Lumen gentium*« lautet »Der endzeitliche Charakter der pilgernden Kirche«. Ich empfehle es zur erneuten Lektüre, da es genau diese Absicht enthüllt. Hier ist sein Anfang:

»Die Kirche, zu der wir alle in Christus Jesus berufen werden und in der wir mit der Gnade Gottes die Heiligkeit erlangen, wird erst in der himmlischen Herrlichkeit vollendet werden, wenn die Zeit der allgemeinen Wiederherstellung kommt (Apg 3,21). Dann wird mit dem Menschengeschlecht auch die ganze Welt, die mit dem Menschen innigst verbunden ist und durch ihn ihrem Ziele entgegengeht, vollkommen in Christus erneuert werden . . .

Christus hat, von der Erde erhöht, alle an sich gezogen (vgl. Joh 12,32). Auferstanden von den Toten (vgl. Röm 6,9), hat er seinen lebendig machenden Geist den Jüngern mitgeteilt und durch ihn seinen Leib, die Kirche, zum allumfassenden Heilssakrament gemacht. Zur Rechten des Vaters sitzend, wirkt er beständig in der Welt, um die Menschen zur Kirche zu führen und durch sie enger mit sich zu verbinden, um sie mit seinem eigenen Leib und Blut zu ernähren und sie seines verherrlichten Lebens teilhaftig zu machen. Die Wiederherstellung also, die uns verheißen ist und die wir erwarten, hat in Christus schon begonnen, nimmt ihren Fortgang in der Sendung des Heiligen Geistes und geht durch ihn weiter in der Kirche, in der wir durch den Glauben auch über den Sinn unseres zeitlichen Lebens belehrt werden, bis wir das vom Vater uns in dieser Welt übertragene Werk mit der Hoffnung auf die künftigen Güter zu Ende führen und unser Heil wirken (vgl. Phil 2,12). Das Ende der Zeiten ist also bereits zu uns gekommen (vgl. 1 Kor 10,11), und die Erneuerung der Welt ist unwiderruflich schon begründet und wird in dieser Weltzeit in gewisser Weise wirklich vorausgenommen. Denn die Kirche ist schon auf Erden durch eine wahre, wenn auch unvollkommene Heiligkeit ausgezeichnet. Bis es aber einen neuen Himmel und eine neue Erde gibt, in denen die Gerechtigkeit wohnt (vgl. 2 Petr 3,13), trägt die pilgernde Kirche in ihren Sakramenten und Einrichtungen, die noch zu dieser Weltzeit gehören, die Gestalt dieser Welt, die vergeht, und zählt selbst so zu der Schöpfung, die bis jetzt noch seufzt und in Wehen liegt und die Offenbarung der Kinder Gottes erwartet (vgl. Röm 8,19-22)« (Nr. 48).

Wir müssen zugeben, daß *diese eschatologische Sicht in der*

traditionellen Predigt nur sehr schwach vorhanden war.
Und doch ist es eine ursprüngliche, biblische Sichtweise.
Der gesamte oben wiedergegebene Abschnitt aus einem
Konzilstext besteht in Wahrheit aus Zitaten aus dem Evangelium, aus den Apostelbriefen und aus der Geheimen Offenbarung. Die traditionelle Eschatologie, bei der es um die
sogenannten *Letzten Dinge* ging, wurde vom Konzil in dieser wesentlich biblischen Ausrichtung dargelegt. Wie ich
bereits hervorgehoben habe, ist die Eschatologie *zutiefst
anthropologisch,* doch im Lichte des Neuen Testamentes
orientiert sie sich vor allem an Christus und am Heiligen
Geist, und in gewissem Sinne ist sie auch *kosmisch.*
Man kann sich fragen, ob der Mensch mit seinem individuellen Leben, seiner Verantwortung, seinem Schicksal, seiner persönlichen eschatologischen Zukunft, seinem Paradies oder seiner Hölle oder seinem Fegefeuer nicht damit
endet, daß er sich in dieser kosmischen Dimension verirrt.
Da es für Ihre Frage gute Gründe gibt, muß sie mit einem
aufrichtigen »Ja« beantwortet werden: Der Mensch hat sich
in gewissem Maße verirrt; die Prediger, die Katecheten, die
Erzieher haben sich verirrt und auch den Mut verloren, »mit
der Hölle zu drohen«. Und vielleicht haben selbst die, die
ihnen zuhören, keine Angst mehr davor.
*Der Mensch der heutigen Gesellschaft ist für die Letzten
Dinge* in der Tat *wenig empfänglich.* Auf der einen Seite
fördern Säkularisation und Säkularismus diese Unempfäng-
lichkeit, deren Ergebnis schließlich ein nur am Genuß irdischer Freuden ausgerichtetes Konsumverhalten ist. Andererseits haben hierzu auch die *zeitlichen Höllen* unseres zu
Ende gehenden Jahrhunderts ihren Beitrag geleistet. Kann
denn der Mensch nach den Erfahrungen der Konzentrationslager, Gulags und Bombenangriffe, gar nicht zu reden

von Naturkatastrophen, etwas noch Schlimmeres erwarten – noch mehr Demütigung, Verachtung und Verzweiflung? Mit einem Wort: eine Hölle?

Die Eschatologie ist *daher dem heutigen Menschen* eher fremd geworden, vor allem in unserer Gesellschaft. Das heißt jedoch noch nicht, daß ihm auch der Glaube an Gott als Höchste Gerechtigkeit, daß ihm das Warten auf einen »Jemand« fremd geworden ist, der am Ende die Wahrheit über das Gute und das Böse der menschlichen Taten zu sagen weiß und das Gute zu belohnen und das Böse zu bestrafen vermag. Kein anderer als er wird dazu in der Lage sein. Die Menschen haben sich ein Bewußtsein davon bewahrt. Die Schrecken unseres Jahrhunderts haben es nicht auszulöschen vermocht: » . . . dem Menschen (ist) bestimmt, ein einziges Mal zu sterben, worauf dann das Gericht folgt« (vgl. Hebr 9,27).

Dieses Bewußtsein stellt überdies in einem gewissen Sinn einen gemeinsamen Nenner aller monotheistischen Religionen dar, aber auch für andere. Wenn das Konzil von der eschatologischen Natur der pilgernden Kirche spricht, so stützt es sich auch auf dieses Bewußtsein. Gott als *gerechter Richter,* der das Gute belohnt und das Böse bestraft, ist in der Tat der Gott von Abraham, Isaak, Mose und von Christus, der sein Sohn ist. Dieser Gott ist vor *allem Liebe.* Nicht nur Barmherzigkeit, sondern Liebe. Nicht nur der Vater des verlorenen Sohns, sondern der Vater, »der seinen Sohn hingibt, damit der Mensch nicht zugrunde geht, sondern das ewige Leben hat« (vgl. Joh 3,16).

Diese Wahrheit über Gott, die uns das Evangelium verkündet, entscheidet über *einen gewissen Wandel in der eschatologischen Anschauungsweise.* Vor allem ist die Eschatologie nicht das, was noch geschehen muß, was erst nach dem irdischen Leben eintreten wird. *Die Eschatologie hat bereits mit der Herabkunft Christi begonnen.* Ein eschatologisches Ereignis war vor allem sein Erlösungstod und seine Auferstehung. Dies ist der Anfang »eines neuen Himmels und einer neuen Erde« (Offb 21,1). Die Zukunft von uns allen ist über den Tod hinaus an die Aussage gebunden: »Ich glaube an die Auferstehung der Toten.« Davor bzw. danach heißt es: »Ich glaube an die Vergebung der Sünden . . . und an das ewige Leben.« Dies ist die *christozentrische Eschatologie.*

In Christus hat Gott der Welt seinen Willen offenbart: »daß alle Menschen gerettet werden und zur Erkenntnis der Wahrheit gelangen« (1 Tim 2,4). Dieser Satz des ersten Briefes an Timotheus ist für die Verkündigung der Letzten Dinge außerordentlich wichtig. Wenn aber dies Gottes Wunsch ist, wenn Gott dafür seinen Sohn hingibt, der seinerseits durch den Heiligen Geist in der Kirche wirkt, *kann der Mensch dann verdammt,* kann er von Gott abgewiesen werden?

Die Frage der Hölle hat die großen Denker der Kirche, von Origenes bis in unsere Zeit – bis hin zu Michail Bulgakow und Hans Urs von Balthasar –, schon immer beunruhigt. Die ersten Konzilien hatten die Theorie der sogenannten *Apokatastasis panton* zurückgewiesen, derzufolge die Welt nach ihrer Zerstörung wiederhergestellt und mit allen Geschöpfen gerettet wird. Diese Theorie schaffte indirekt die Hölle ab. Doch das Problem besteht immer noch: Kann Gott, der den Menschen so sehr geliebt hat, zulassen, daß der Mensch ihn so sehr ablehnt, daß er zu ewigen Qualen verdammt werden muß?

Dennoch, die Worte Christi sind eindeutig. Im Matthäus-evangelium spricht er klar von denen, die die ewige Strafe erhalten werden (vgl. 25,46). Wer wird zu ihnen gehören? Die Kirche hat sich hierüber niemals geäußert. Es ist ein wirklich unergründliches Geheimnis, das zwischen der Heiligkeit Gottes und dem Gewissen der Menschen besteht. Das Schweigen der Kirche ist damit die einzig angemessene Haltung der Christen. Obwohl er von Judas, dem Verräter, sagt: »Für ihn wäre es besser, wenn er nie geboren wäre« (Mt 26,24), kann diese Erklärung nicht mit Sicherheit im Sinne der ewigen Verdammnis aufgefaßt werden.

Zugleich gibt es etwas im Gewissen des Menschen, das auf den Verlust dieses Augenblicks reagiert: Ist denn der Gott, der die Liebe ist, nicht auch endgültige Gerechtigkeit? Kann er die furchtbaren Verbrechen einfach hinnehmen, können sie unbestraft bleiben? Ist denn die endgültige Strafe nicht in gewisser Weise notwendig, damit das moralische Gleichgewicht in der so verworrenen Menschheitsgeschichte hergestellt wird? Ist eine Hölle nicht in gewissem Sinne »die letzte Rettung« für das Gewissen des Menschen?

Die Heilige Schrift kennt auch den Begriff *»reinigendes Feuer«*. Die Ostkirche hat ihn angenommen, weil er biblisch ist, während sie die katholische Lehre vom Fegfeuer nicht übernahm.

Ein sehr überzeugendes Argument für das Fegfeuer haben mir neben der Bulle von Benedikt XII. aus dem 14. Jahrhundert die *mystischen Werke des hl. Johannes vom Kreuz* gegeben. »Die lebendige Flamme der Liebe«, von der er spricht, ist vor allem eine reinigende Flamme. Die mystischen Nächte, die dieser große Kirchenlehrer aus eigener Erfahrung beschreibt, entsprechen in gewissem Sinne dem Fegfeuer. Gott läßt den Menschen das innere Feuer seiner sinnlichen und geistigen Natur durchleben, um ihn zur Vereinigung mit sich zu führen. Wir stehen hier nicht vor einem einfachen Gericht. Wir stellen uns der Macht der Liebe selbst.

Es ist vor allem die Liebe, die richten muß. Gott, der die Liebe ist, richtet durch die Liebe. Es ist die Liebe, die vom Menschen Reinigung verlangt, bevor er zu jener Einheit mit Gott reifen kann, die seine Berufung und endgültige Bestimmung ist.

Vielleicht reicht dies aus. Im Osten wie im Westen haben viele Theologen, auch zeitgenössische, ihre Studien der Eschatologie, *den Letzten Dingen,* gewidmet. Die Kirche hat von ihrem eschatologischen Bewußtsein nicht abgelassen. Sie hat nicht aufgehört, die Menschen zum ewigen Leben zu führen. Würde sie davon ablassen, so würde sie aufhören, ihrer eigenen Berufung und dem von ihr mit Gott in Jesus Christus geschlossenen Neuen Bund treu zu sein.

29

WOZU GLAUBEN?

Viele Menschen, die sich an einer Art von Pragmatismus oder Utilitarismus ausrichten – oder davon fehlgeleitet werden –, fragen heute: Wozu dient der Glaube letztlich? Welche Vorteile bringt er? Kann man nicht auch ein ehrliches, rechtschaffenes Leben führen, ohne sich ernsthaft mit dem Evangelium zu befassen?

Auf eine solche Frage könnte man sehr knapp antworten: *Der »Nutzen« des Glaubens läßt sich an keinem Gut messen, auch nicht an Moralisch-Gutem.* Die Kirche hat aber noch nie geleugnet, daß auch ein Nichtglaubender rechtschaffen und edel handeln kann. Davon kann sich im übrigen jeder leicht selbst überzeugen.

Der Wert des Glaubens liegt nicht nur in seinem Nutzen für das sittliche Verhalten des Menschen, wenngleich er der tiefste Beweggrund dafür ist. Deshalb ziehen wir den Glauben auch oft als Begründung heran. Demgegenüber kann man sagen, daß der *grundlegende »Nutzen« des Glaubens in der Tatsache an sich besteht, geglaubt und vertraut zu haben.* Wenn wir glauben und vertrauen, so antworten wir nämlich auf Gottes Wort, über das im Buch des Propheten Jesaja auf besonders eindrucksvolle Weise gesagt wird, daß es nicht leer zurückkehrt, sondern bewirkt, was er will, und all das erreicht, wozu er es ausgesandt hat (vgl. 55,11). Dennoch will Gott uns nicht zu einer solchen Antwort zwingen. Unter diesem Aspekt nimmt das Lehramt des letzten Konzils und vor allem die Erklärung über die Religionsfreiheit *»Dignitatis humanae«* eine ganz besondere Bedeutung an. Es wäre der Mühe wert, die ganze Erklärung wiederzugeben und zu analysieren. Doch vielleicht genügt es, einige Sätze zu zitieren: »Alle Menschen sind ihrerseits verpflichtet, die Wahrheit, besonders in dem, was Gott und seine Kirche angeht, zu suchen und die erkannte Wahrheit aufzunehmen und zu bewahren« (Nr. 1).

Das, was das Konzil hervorhebt, ist vor allem *die Würde des Menschen.* Im Text heißt es daher weiter: »Weil die Menschen Personen sind, d. h. mit Vernunft und freiem Willen begabt und damit auch zu persönlicher Verantwortung erhoben, werden alle – ihrer Würde gemäß – von ihrem eigenen Gewissen gedrängt und zugleich durch eine moralische Pflicht gehalten, die Wahrheit zu suchen, vor allem jene Wahrheit, welche die Religion betrifft. Sie sind auch dazu verpflichtet, an der erkannten Wahrheit festzuhalten und ihr ganzes Leben nach den Forderungen der Wahrheit zu ordnen« (Nr. 2). »Die Wahrheit muß aber auf eine Weise gesucht werden, die der Würde der menschlichen Person und ihrer Sozialnatur eigen ist, d. h. auf dem Wege der freien Forschung, mit Hilfe des Lehramtes oder der Unterweisung, des Gedankenaustauschs und des Dialogs . . .« (Nr. 3).

Wie man sieht, geht das Konzil sehr ernsthaft auf die menschliche Freiheit ein und beruft sich auf das innere Gebot des Gewissens, um aufzuzeigen, daß die vom Menschen an Gott und sein Wort gegebene Antwort eng an seine persönliche Würde gebunden ist. *Der Mensch darf nicht zur*

Annahme der Wahrheit gezwungen werden. Seine ganze Natur, d. h. seine eigene Freiheit, drängt ihn dazu, sie ernsthaft zu suchen und, wenn er sie gefunden hat, mit seiner Überzeugung und seinem Verhalten an ihr teilzuhaben.

Das ist seit jeher die Lehre der Kirche; doch zuvor hat Christus selbst sie mit seinen Taten bestätigt. Aus dieser Perspektive muß auch der zweite Teil von »*Dignitatis humanae*« erneut gelesen werden. Hier finden wir vielleicht auch die Antwort auf Ihre Fragen.

Eine Antwort, die im übrigen die Lehre der Kirchenväter und die theologische Tradition wiedergibt – angefangen beim hl. Thomas von Aquin bis hin zu John Henry Newman. Das Konzil bestätigt nichts anderes als die seit jeher bestehende Überzeugung der Kirche. Es ist bekannt, wie konsequent der hl. Thomas an der Befolgung des Gewissens festhält: So erachtet er es als nicht zulässig, wenn sich jemand zu Christus bekennt und ihm sein Gewissen dabei sagt, daß er – absurde Annahme! – damit etwas Schlechtes tue (vgl. Summa Theologiae I-II, q.19, a.5). Wenn ein Mensch einen ihm unumstößlich scheinenden Ruf des Gewissens vernimmt, so muß er, selbst wenn dieser abwegig sein sollte, ausnahmslos und unbedingt auf ihn hören. Dem Menschen ist andererseits nicht gestattet, sich aus eigener Schuld dem Irrtum hinzugeben, ohne zu versuchen, zur Wahrheit zu gelangen.

Wenn Newman das Gewissen über die Autorität stellt, so verkündet er im Vergleich zum ständigen Lehramt der Kirche nichts Neues: Das *Gewissen,* so lehrt das Konzil, »ist die verborgenste Mitte und das Heiligtum im Menschen, wo er allein ist mit Gott, dessen Stimme in diesem seinem Innersten zu hören ist ... Durch die Treue zum Gewissen sind die Christen mit den übrigen Menschen verbunden im Suchen nach der Wahrheit und zur wahrheitsgemäßen Lösung all der vielen moralischen Probleme, die im Leben der Einzelnen wie im gesellschaftlichen Zusammenleben entstehen. Je mehr also das rechte Gewissen sich durchsetzt, desto mehr lassen die Personen und Gruppen von der blinden Willkür ab und suchen sich nach den objektiven Normen der Sittlichkeit zu richten. Nicht selten jedoch geschieht es, daß das Gewissen aus unüberwindlicher Unkenntnis irrt, ohne daß es dadurch seine Würde verliert. Das kann man aber nicht sagen, wenn der Mensch sich zuwenig darum müht, nach dem Wahren und Guten zu suchen, und das Gewissen durch Gewöhnung an die Sünde allmählich fast blind wird« (GS 16).

Hierbei wird man sich unweigerlich der tiefen inneren Kohärenz der konziliaren Erklärung über die religiöse Freiheit bewußt. Im Lichte dieser Lehre können wir daher sagen: *Der wesentliche Nutzen des Glaubens besteht in der Tatsache, daß der Mensch das Gut seiner naturgemäßen Vernunft verwirklicht.* Er verwirklicht es, indem er Gott aus Pflichtbewußtsein antwortet, aus einer Pflicht nicht nur Gott, sondern auch sich selbst gegenüber.

Christus hat alles getan, um uns von der Bedeutung dieser Antwort zu überzeugen, die der Mensch zur Erlangung der inneren Freiheit geben muß, damit in ihr jener für die menschliche Würde so wesentliche *veritatis splendor* aufleuchtet. Er hat die Kirche zu diesem Handeln verpflichtet: Deshalb sind in ihrer Geschichte so viele Proteste gegen all jene laut geworden, die versucht haben, den Glauben mit dem Schwert durchzusetzen. In diesem Zusammenhang muß daran erinnert werden, daß die spanische katholische

Schule von Salamanca angesichts der Gewalt, die den amerikanischen Ureinwohnern, den *Indios,* unter dem Vorwand der Bekehrung zum Christentum angetan wurde, eine eindeutig gegensätzliche Position einnahm. Und auch daran, daß noch zuvor die Akademie von Krakau 1414 beim Konzil von Konstanz die Gewalt verurteilt hat, mit der man unter demselben Vorwand gegen die baltischen Völker vorgegangen war.

Zweifellos verlangt Christus den Glauben. Er verlangt ihn vom Menschen und für den Menschen. Denen, die wollten, daß er ein Wunder für sie wirke, sagte er: »Dein Glaube hat dir geholfen« (Mk 10,52). Ganz besonders ergreifend ist der Fall der kanaanäischen Frau. Zunächst scheint Jesus ihrer Bitte um Hilfe für die Tochter kein Gehör schenken zu wollen, gerade so, als sei es seine Absicht, sie zu dem rührenden Bekenntnis zu bewegen: »Aber selbst die Hunde bekommen von den Brotresten, die vom Tische ihrer Herren fallen« (Mt 15,27). Er stellt die fremde Frau auf die Probe, um ihr nachher sagen zu können: »Frau, dein Glaube ist groß! Was du willst, soll geschehen« (Mt 15,28).
Jesus möchte in den Menschen den Glauben wecken. Er verlangt, daß sie auf das Wort des Vaters antworten. Er hat dabei stets die menschliche Würde im Blick, denn die Suche nach dem Glauben ist selbst eine implizite Form des Glaubens, wodurch die notwendige Voraussetzung für das Heil bereits erfüllt ist.
Vermutlich kann die Konzilskonstitution über die Kirche Ihre Frage erschöpfend beantworten. Dieser Text verdient es, noch einmal gelesen zu werden. »Wer nämlich das Evangelium Christi und seine Kirche ohne Schuld nicht kennt, Gott aber aus ehrlichem Herzen sucht, seinen im Anruf des

Gewissens erkannten Willen unter dem Einfluß der Gnade in der Tat zu erfüllen trachtet, kann das ewige Heil erlangen. Die göttliche Vorsehung verweigert auch denen das zum Heil Notwendige nicht, die ohne Schuld noch nicht zur ausdrücklichen Anerkennung Gottes gekommen sind, jedoch, nicht ohne göttliche Gnade, ein rechtes Leben zu führen sich bemühen« (LG 16).

Ihre Frage spricht von einem Leben, das auch ohne Evangelium ehrlich und rechtschaffen sein kann. Darauf würde ich gern folgendermaßen antworten: Da, wo ein Leben wirklich rechtschaffen ist, wirkt das unbekannte oder aber bewußt abgelehnte Evangelium bereits im Unterbewußtsein desjenigen, der unter ehrlichem Einsatz die Wahrheit sucht und bereit ist, sie anzunehmen, sobald er sie kennt. Eine solche Bereitschaft ist nämlich die Offenbarung der Gnade, die in der Seele wirkt. Denn der Geist weht da, wo er will und wie er will (vgl. Joh 3,8). *Die Freiheit des Geistes trifft sich mit der Freiheit des Menschen und bestätigt sie bis zuletzt.*
Diese Präzisierung war notwendig, um die Gefahr einer pelagianischen Auslegung zu vermeiden. Diese Gefahr bestand bereits zu Zeiten des hl. Augustinus, und heute scheint sie neuerlich aufzutauchen. Pelagius gab vor, daß der Mensch auch ohne göttliche Gnade ein rechtschaffenes und glückliches Leben führen könne. Die göttliche Gnade sei somit nicht nötig für ihn. Die Wahrheit ist jedoch, daß der Mensch tatsächlich zum Heil aufgerufen ist, daß ein rechtschaffenes Leben die Voraussetzung für dieses Heil ist und daß das Heil nicht ohne den Beistand der Gnade erreicht werden kann.
Letztendlich kann nur Gott, der auf die Mitwirkung des Menschen wartet, den Menschen retten. Die Tatsache, daß

der Mensch mit Gott gemeinsam wirken kann, ist ausschlaggebend für seine authentische Größe. Die Wahrheit, wonach der Mensch aufgrund des Endziels seines Lebens, d. h. des Heils und der Vergöttlichung, zu dieser Mitwirkung aufgerufen ist, hat in der östlichen Tradition des sogenannten Synergismus Ausdruck gefunden. Der Mensch »erschafft« mit Gott die Welt, *der Mensch »wirkt« mit Gott sein persönliches Heil.* Die Vergöttlichung des Menschen kommt von Gott. Aber auch hier muß der Mensch mit Gott zusammenwirken.

Wieder haben Sie die Würde des Menschen angesprochen: Gemeinsam mit den Menschenrechten, die daraus folgen, ist dies eines der zentralen, immer wiederkehrenden Themen Ihrer Lehre. Aber worin besteht für den Heiligen Vater wirklich die Würde des Menschen? Was sind für ihn die authentischen Menschenrechte? Zugeständnisse von Regierungen, von Staaten? Oder etwas anderes, das tiefer greift?

In gewissem Sinne habe ich das zentrale Problem Ihrer Frage bereits beantwortet. »Worin besteht die Würde des Menschen? Was sind die Menschenrechte?« Es besteht kein Zweifel darüber, daß diese Rechte vom Schöpfer in die Schöpfungsordnung eingeschrieben wurden und daß hier nicht von Zugeständnissen seitens menschlicher Einrichtungen, seitens der Staaten und internationalen Organisationen gesprochen werden kann. Diese Institutionen sind, wie der hl. Paulus im Brief an die Römer schreibt, nur ein Ausdruck dessen, was Gott selbst in das moralische Gewissen oder ins Herz des Menschen eingeschrieben hat (vgl. 2,15). *Das Evangelium ist die vollste Bestätigung aller Rechte des Menschen.* Ohne das Evangelium könnte man sich sehr leicht von der Wahrheit über den Menschen entfernen. Das

Evangelium ist in der Tat die Bestätigung des göttlichen Gebots, das die moralische Ordnung des Universums festlegt, und es bestätigt sie in besonderer Weise durch die Menschwerdung. Wer ist der Mensch, wenn der Sohn Gottes Menschengestalt annimmt? Wer muß dieser Mensch sein, wenn *Er* den höchsten Preis für dessen Würde bezahlt? Jedes Jahr bringt die Liturgie der Kirche angesichts dieser Wahrheit, dieses Mysteriums, in der Weihnachtszeit und auch in der Ostervigil ihr Staunen zum Ausdruck: *»O felix culpa, quae talem ac tantum meruit habere Redemptorem«* (O glückliche Schuld, welch großen Erlöser hast du gefunden! Exsultet). Der Erlöser bestätigt die Rechte des Menschen, um ihn zur Fülle der Würde zurückzuführen, die der Mensch von Gott empfing, als dieser ihn als sein Abbild schuf.

Da Sie dieses Problem angeschnitten haben, so gestatten Sie mir, daß ich mich Ihrer Frage bediene, um daran zu erinnern, wie es nach und nach *in den Mittelpunkt auch meines persönlichen Interesses gerückt ist.* In gewissem Sinne war es für mich eine große Überraschung festzustellen, daß das Interesse am Menschen und an seiner Würde, allen gegensätzlichen Voraussagen zum Trotz, das Hauptthema der *Polemik gegen den Marxismus* geworden war, und zwar weil die Marxisten selbst die Frage nach dem Menschen zum Hauptthema der Polemik gemacht hatten.
Als die Marxisten nach dem Krieg die Macht in Polen übernahmen und damit begannen, die Lehrtätigkeit an den Universitäten zu kontrollieren, hätte man erwarten können, daß sich das Programm des Dialektischen Materialismus zuerst über die *Naturphilosophie* artikulieren würde. Es muß gesagt werden, daß die Kirche in Polen auch hierauf vorberei-

tet war. Ich erinnere mich, wie hilfreich in den Nachkriegs-
jahren für die katholischen Intellektuellen die Veröffentli-
chungen des hervorragenden, für seine außergewöhnliche
Bildung bekannten Professors der theologischen Fakultät
von Krakau Kazimierz Klosak waren. In seinen gelehrten
Schriften wurde die marxistische Naturphilosophie mit einem neuen Ansatz konfrontiert, der die Entdeckung des Lo-
gos in der Welt ermöglichte, d. h. des Schöpfergedankens
und der Ordnung. Klosak gliederte sich somit in die philosophische Tradition ein, die von den griechischen Denkern
über die *quinque viae* des hl. Thomas bis zu modernen Wissenschaftlern wie Alfred North Whitehead reicht.
Die sichtbare Welt an sich kann keine wissenschaftliche
Grundlage für eine atheistische Auslegung ihrer selbst bie-
ten. Bei einer ehrlichen Überlegung trifft man in ihr vielmehr auf Elemente, die ausreichen, um zur Gotteserkenntnis zu gelangen. In diesem Sinne ist die atheistische
Auslegung einseitig und tendenziös.
An diese Diskussionen erinnere ich mich noch. Ich nahm
auch an zahlreichen Treffen mit Wissenschaftlern, vor allem
Physikern, teil, die – nach Einstein – bemerkenswert aufgeschlossen waren für eine theistische Weltauslegung.
Doch seltsamerweise war diese Art Auseinandersetzung mit
dem Marxismus nur von kurzer Dauer. Bald schon wurden
der Mensch und die menschliche Moral zu *zentralen Dis-
kussionsthemen*. Die Naturphilosophie wurde sozusagen
beiseite geschoben. Bei dem Versuch, den Atheismus zu
verteidigen, herrschte nicht so sehr eine kosmologische Interpretation als vielmehr eine ethische Beweisführung vor.
Als ich die Abhandlung *»Person und Tat«* schrieb, waren
die Marxisten die ersten, die – selbstverständlich aus Wider-
spruchsgeist – darauf aufmerksam wurden: In ihrer Polemik

212

gegen die Religion und die Kirche war sie nämlich ein Stör-
faktor.

Doch an dieser Stelle muß ich sagen, daß mein Interesse für
die Person und ihr Wirken keineswegs aus dem Meinungsstreit oder aber als Argumentationshilfe im Streit mit dem
Marxismus entstanden ist. *Der Mensch als Person beschäf-
tigte mich schon seit längerem.* Vielleicht war einer der
Gründe dafür, daß ich nie eine besondere Vorliebe für die
Naturwissenschaften hatte. Der Mensch hat mir immer
mehr bedeutet: Als ich an der Philosophischen Fakultät studierte, interessierte er mich als Erzeuger von Sprache und
als Gegenstand der Literatur; als ich in der Folgezeit meine
priesterliche Berufung entdeckte, rückte er für mich *als
Thema der Seelsorge* in den Mittelpunkt.
Es war Nachkriegszeit und der Meinungsstreit mit dem
Marxismus in vollem Gange. In diesen Jahren waren die
Jugendlichen zu meinem wichtigsten Anliegen geworden.
Sie stellten mir *Fragen* nicht so sehr über die Existenz Got-
tes als vielmehr ganz *präzise darüber, wie sie leben sollten,*
d. h. über die Art und Weise, wie sie Probleme in Liebe und
Ehe sowie in der Welt der Arbeit angehen und lösen sollten.
Diese jungen Leute aus der Zeit nach der deutschen Besat-
zung haben in meiner Erinnerung einen tiefen Eindruck hin-
terlassen. Mit ihren Zweifeln und ihren Fragen haben sie in
gewissem Sinne auch mir den Weg gewiesen. Aus unseren
Kontakten, aus der Teilnahme an ihrem Leben entstand eine
Studie, deren Inhalt ich im Titel »*Liebe und Verantwortung*«
zusammenfaßte.
Die Abhandlung über »*Person und Tat*« entstand in der Folgezeit, doch basierte auch sie auf derselben Erfahrung. Ich
mußte unweigerlich zu diesem Thema gelangen, nachdem

ich eingedrungen war in den Bereich der Fragestellungen über das menschliche Dasein, und zwar nicht nur unserer Zeit, sondern der Menschen aller Zeiten. Die Frage nach dem Guten und Bösen verläßt den Menschen nie, wie der junge Mann im Evangelium bezeugt, der Jesus fragt: »Was muß ich tun, um das ewige Leben zu gewinnen?« (Mk 10,17)

Meine *auf den Menschen,* auf die menschliche Person *ausgerichteten Studien* orientierten sich somit vor allem an der Seelsorge. Aus pastoraler Sicht habe ich in *»Liebe und Verantwortung«* den Begriff der »personalistischen Norm« formuliert. Diese Norm ist der Versuch, das Gebot der Liebe in die Sprache der philosophischen Ethik zu übersetzen. *Der Mensch ist ein Wesen, dessen einzig angemessene Dimension die Liebe ist.* Wir werden einer Person nur gerecht, wenn wir sie lieben: Dies gilt für Gott wie für die Menschen. Die Liebe zu einer Person *schließt aus, daß man sie wie einen Gebrauchsgegenstand behandelt.* Diese Norm findet sich bereits in der Ethik Kants und stellt den Inhalt des sogenannten zweiten kategorischen Imperativs dar. Ungeachtet dessen hat dieser Imperativ einen negativen Charakter, weil er den vollen Inhalt des Gebots der Liebe nicht ausschöpft. Wenn Kant so sehr unterstreicht, daß ein Mensch nicht als Gebrauchsobjekt behandelt werden darf, so tut er dies, um sich dem angelsächsischen Utilitarismus zu widersetzen, und in dieser Hinsicht mag er sein Ziel erreicht haben. Bei der Auslegung des Gebots der Liebe jedoch hat er nicht alle Aspekte in Betracht gezogen. Dieses beschränkt sich nämlich nicht nur darauf, alles Verhalten auszuschließen, das den Menschen auf ein reines Gebrauchsobjekt reduziert, sondern es verlangt mehr: *Es verlangt die Bejahung der Person um ihrer selbst willen.*

Die wahre personalistische Auslegung des Gebots der Liebe findet sich in den Worten des Konzils wieder: »Ja, wenn der Herr Jesus zum Vater betet, ›daß alle eins seien ... wie auch wir eins sind‹ (Joh 17,20-22), und damit Horizonte aufreißt, die der menschlichen Vernunft unerreichbar sind, legt er eine gewisse Ähnlichkeit nahe zwischen der Einheit der göttlichen Personen und der Einheit der Kinder Gottes in der Wahrheit und in der Liebe. Dieser Vergleich macht offenbar, daß der Mensch, der auf Erden die einzige von Gott um ihrer selbst willen gewollte Kreatur ist, sich selbst nur durch die aufrichtige Hingabe selbst vollkommen finden kann« (GS 24).

Dies kann als eine wirklich angemessene Auslegung des Gebotes der Liebe bezeichnet werden. Insbesondere wird *das Prinzip der Bejahung des Menschen aus dem einfachen Grund, daß er ein Mensch ist, eindeutig formuliert:* Der Mensch ist, so heißt es, »die einzige von Gott um ihrer selbst willen gewollte Kreatur auf Erden«. Zugleich unterstreicht der Konzilstext, daß das Wichtigste an der Liebe die »aufrichtige Hingabe seiner selbst ist«. In diesem Sinn *verwirklicht sich der Mensch durch die Liebe.*

Somit schließen sich *diese beiden Aspekte* – die Bejahung des einzelnen um seiner selbst willen und die aufrichtige Hingabe seiner selbst – nicht nur nicht aus, sondern bestätigen und ergänzen einander. *Der Mensch bestätigt sich selbst auf vollkommenste Weise in der Hingabe seiner selbst.* Dies ist die volle Verwirklichung des Gebotes der Liebe. Dies ist auch die volle Wahrheit über den Menschen, eine Wahrheit, die Christus uns mit seinem Leben gelehrt hat und die die christliche Moral sowie die Tradition der Heiligen und all der vielen Helden der Nächstenliebe im Laufe der Geschichte angenommen und bezeugt haben.

Wenn wir die menschliche Freiheit dieser Perspektive berauben, wenn der Mensch sich nicht um die Hingabe seiner selbst an die anderen bemüht, so kann diese Freiheit zur Gefahr werden. Denn sie würde als Freiheit betrachtet werden, das zu tun, was jeder selbst für richtig hält, was ihm einen Vorteil bringt oder Genuß verschafft, vielleicht gar einen sublimen Genuß. *Wo die Perspektive der Hingabe seiner selbst nicht angenommen wird, wird stets die Gefahr einer egoistischen Freiheit bestehen.* Diese Gefahr hat Kant bekämpft. Auch Max Scheler und viele andere nach ihm haben auf dieser Linie einer Wertethik Stellung bezogen. Der vollkommenste Ausdruck all dessen findet sich jedoch im Evangelium. *Aus genau diesem Grund enthält es auch eine kohärente Erklärung aller Menschenrechte,* zumal jener, die aus verschiedenen Gründen nicht genehm sein mögen.

JEDES LEBEN MUSS VERTEIDIGT WERDEN

Eines der »nicht genehmen« Rechte, die Sie angesprochen haben, ist in vorderster Reihe das Recht auf Leben; von der Zeugung an besteht die Pflicht, es zu verteidigen. Auch dies gehört zu den ständig wiederkehrenden und dramatisch präsentierten Themen Ihres Lehramtes. Dieses unablässige Anprangern jedweder Form gesetzlicher Abtreibung ist von gewissen kulturpolitischen Lagern sogar als »Besessenheit« bezeichnet worden. Diese geben vor, daß »humanitäre Gründe« auf ihrer Seite stünden, und hierauf beruhen auch die allzu permissiven Regierungsbeschlüsse in Sachen Schwangerschaftsabbruch.

Das Recht auf Leben ist *das fundamentale Recht* des Menschen. Dies wird in unserer zeitgenössischen Kultur jedoch bestritten und zu einem Recht degradiert, dessen Verteidigung »nicht genehm« ist. Doch gibt es kein anderes Recht, das die Existenz des Menschen näher berührt! Recht auf Leben heißt, das Recht zu haben, auf die Welt zu kommen und bis zum natürlichen Tod sein Dasein zu bewahren: »Solange ich lebe, habe ich das Recht zu leben.«
Die Frage nach dem gezeugten und ungeborenen Kind ist ein besonders heikles und doch eindeutiges Problem. Die

Legalisierung des Schwangerschaftsabbruchs ist nichts anderes als die dem erwachsenen Menschen gegebene Genehmigung, den ungeborenen und damit zur Verteidigung unfähigen Menschen mit der Bürgschaft des geltenden Gesetzes seines Lebens zu berauben. Eine ungerechtere Situation ist kaum vorstellbar, und man kann hier wohl nicht von *Besessenheit* sprechen, da es um ein fundamentales Gebot des rechten Gewissens geht: die Verteidigung des Rechts auf Leben eines unschuldigen und schutzlosen Menschenwesens.

Oft wird das Problem als ein Recht der Frau dargestellt, über das bereits in ihr existierende Leben, über das Leben, das sie bereits in ihrem Schoß trägt, *frei zu entscheiden:* Hiermit wird der Frau also das Recht eingeräumt, die Wahl zu treffen, ob sie dem gezeugten Kind das Leben geben oder nehmen will. Doch kann jeder sehen, daß dies *nur scheinbar eine freie Entscheidung* ist. Es darf nicht von einem Recht auf Entscheidung gesprochen werden, wenn es eindeutig um ein moralisches Übel geht, wenn es einfach um das Gebot geht: *Du sollst nicht töten!*
Sieht dieses Gebot vielleicht irgendwelche *Ausnahmen* vor? Die Antwort lautet »nein«, weil sogar die Hypothese einer rechtmäßigen Verteidigung, die sich niemals gegen einen Unschuldigen, sondern stets gegen einen ungerechten Angreifer richtet, jenes Prinzip berücksichtigen muß, das die Moraltheologen *principium inculpatae tutelae* (Prinzip nicht als Schuld anrechenbarer Verteidigung) nennen: Um rechtmäßig zu sein, muß diese »Verteidigung« so verlaufen, daß sie den geringsten Schaden anrichtet und möglichst das Leben des Angreifers verschont.
Dieser Grundsatz ist auf den Fall eines ungeborenen Kin-

des jedoch nicht anwendbar: *Ein im Schoß der Mutter empfangenes Kind ist niemals ein ungerechter Angreifer;* es ist ein schutzloses Wesen, das auf Aufnahme und Beistand wartet.

Doch sind wir in diesem Bereich leider Zeugen wahrer menschlicher Tragödien. Sehr oft wird die *Frau zum Opfer männlichen Egoismus,* wenn der Mann, der zur Zeugung des neuen Lebens beigetragen hat, sich dieses Lebens nicht annehmen will und alle Verantwortung auf die Frau abwälzt, als wäre sie die einzig »Schuldige«. Gerade dann, wenn die Frau der Unterstützung des Mannes am meisten bedarf, erweist sich dieser als zynischer Egoist, der zwar ihre Zuneigung oder Schwäche auszunutzen weiß, die Verantwortung für sein eigenes Handeln jedoch weit von sich schiebt. Mit diesen Problemen sind nicht nur die Beichtstühle vertraut, sondern auch die Gerichte der ganzen Welt, heute immer häufiger auch die Jugendgerichte.

Indem wir das »Pro-choice«-Prinzip *(das für freie Entscheidung plädiert) eindeutig von uns weisen, müssen wir uns allerdings mutig zum »Pro-woman«-Prinzip bekennen, das heißt zu der Entscheidung, die wirklich zugunsten der Frau getroffen wird.* Sie hat nämlich den höchsten Preis zu zahlen: nicht nur für ihre Mutterschaft, sondern auch für deren Zerstörung, das heißt für die Beseitigung des Lebens des empfangenen Kindes. Die einzig ehrenhafte und rechtmäßige Haltung ist in diesem Fall *die radikale Solidarität mit der Frau.* Es ist nicht zulässig, sie allein zu lassen.

Die Erfahrung vieler Beratungsstellen zeigt, daß die Frau das Leben des Kindes, das sie in sich trägt, nicht unterdrücken will. Wenn sie in dieser Haltung unterstützt und zugleich von der Einschüchterung durch ihre Umgebung befreit wird, ist sie sogar zu Heroismus fähig. Dies bezeugen, wie ich gesagt habe, die Erfahrungen in zahlreichen Beratungsstellen und vor allem in Heimen für ledige Mütter. Es scheint sich also ein Gesinnungswandel der Gesellschaft in die richtige Richtung abzuzeichnen, obschon die Zahl der sogenannten »Wohltäter« noch groß ist, die der Frau dadurch angeblich helfen wollen, daß sie sie von der bevorstehenden Mutterschaft befreien.

Wir treffen hier, sowohl aus der Sicht der Menschenrechte als auch aus moralischer und pastoraler Sicht, sozusagen den *neuralgischen Punkt.* Alle diese Aspekte sind eng miteinander verknüpft. Ich bin ihnen in meinem Leben und in meinem Amt als Priester, als Diözesanbischof und dann als Nachfolger Petri auch stets gemeinsam begegnet: mit dem sich daraus ergebenden Umfang an Verantwortung.

Deshalb muß ich wiederholen, daß *ich jegliche Anklage oder jeglichen Verdacht einer vermeintlichen »Besessenheit« des Papstes in diesem Bereich kategorisch von mir weise.* Es geht um ein Problem von enormer Tragweite, bei dem wir alle die größtmögliche Verantwortung und Wachsamkeit unter Beweis stellen müssen. *Wir dürfen uns keinerlei Permissivität erlauben,* die unmittelbar zur Untergrabung der Menschenrechte und auch zur Zerstörung der fundamentalen Werte führen würde, und zwar nicht nur in bezug auf das Leben einzelner Menschen und Familien, sondern der Gesellschaft an sich. Ist das, worauf der erschütternde Ausdruck »Kultur des Todes« anspielt, nicht etwa eine traurige Wahrheit?

Das Gegenteil der Kultur des Todes besteht natürlich nicht und darf auch nicht in einer unverantwortlichen Vermehrung der Bevölkerung auf unserer Erde bestehen. *Die Be-*

völkerungsentwicklung muß sehr wohl in Betracht gezogen werden. Der richtige Weg ist der, den die Kirche als *verantwortliche Elternschaft* bezeichnet. Die Familienberater der Kirche geben dazu Anleitungen. *Die verantwortliche Elternschaft ist das Postulat der Menschen liebe und auch einer echten Liebe zwischen Eheleuten,* weil die Liebe nicht unverantwortlich sein darf. Ihre Schönheit liegt gerade in der Verantwortlichkeit. Wenn die Liebe wirklich verantwortlich ist, ist sie auch wirklich frei.

Dies ist die Lehre, die mir mein verehrter Vorgänger Paul VI. durch die Enzyklika *»Humanae vitae«* vermittelt hat und die ich zuvor von *meinen jungen Gesprächspartnern, den Eheleuten und Brautpaaren,* empfangen hatte, als ich *»Liebe und Verantwortung«* schrieb. Wie ich bereits gesagt habe, waren *sie* in diesem Bereich meine Erzieher: Diese Männer und Frauen haben kreativ beigetragen zur Familienseelsorge, zur Pastoraltätigkeit für eine verantwortungsvolle Elternschaft und zur Einrichtung von Beratungsstellen, die in der Folgezeit sehr gut weiterentwickelt wurden. Die vorrangige Tätigkeit dieser Zentren und ihr hauptsächlicher Einsatz zielten und zielen auf die menschliche Liebe hin: In ihnen wurde und wird *die Verantwortung für die menschliche Liebe* gelebt.

Es wäre wünschenswert, daß *eine solche Verantwortung niemals und an keinem Ort und keiner Person fehlt.* Möge sie auch Gesetzesgebern, Erziehern und Seelsorgern stets gegenwärtig sein! Wie vielen wenig bekannten Personen würde ich hier nicht gern die Ehre erweisen und meinen tiefsten Dank für ihren hochherzigen Einsatz und ihre rückhaltlose Hingabe aussprechen! Ihr Verhalten spiegelt die christliche und personalistische Wahrheit über den Menschen wider, der sich in dem Maße verwirklicht, wie er sich selbstlos für die anderen hingibt.

Von den Beratungsstellen müssen wir zurückkehren zu den *Universitäten*. Ich denke hierbei an die Schulen, die ich kenne und zu deren Einrichtung ich beigetragen habe. Erwähnen möchte ich vor allem den Lehrstuhl für Ethik an der *katholischen Universität Lublin* wie auch das dort nach meinem Weggang unter der Leitung meiner engsten Mitarbeiter und Schüler, insbesondere der Professoren Tadeusz Styczeń und Andrzej Szostek, entstandene Institut. Der Mensch ist nicht nur eine wundervolle Theorie: Er befindet sich zugleich im Zentrum des menschlichen *Ethos*.

Hier in Rom wäre dann als Entsprechung das *Institut der Lateran-Universität* zu nennen. Es hat seinerseits den Anstoß zu ähnlichen Initiativen in den Vereinigten Staaten, in Mexiko, in Chile und anderen Ländern gegeben. Der wertvollste Dienst an der Wahrheit der verantwortlichen Elternschaft besteht darin, ihre ethischen und anthropologischen Grundlagen aufzuzeigen. In keinem anderen Bereich ist die Zusammenarbeit von Theologen, Biologen und Ärzten so wichtig.

Ich kann hier nicht bei zeitgenössischen Denkern verweilen, doch einen Namen möchte ich zumindest noch nennen: Emmanuel Lévinas, Vertreter einer besonderen Richtung des zeitgenössischen *Personalismus* und der *Dialog-Philosophie*. In Analogie zu Martin Buber und Franz Rosenzweig bringt er die personalistische Tradition des Alten Testaments zur Geltung, in der die Beziehung zwischen dem menschlichen »Ich« und dem göttlichen, absolut erhabenen »Du« besonders ausgeprägt ist.

Gott, der höchste Gesetzesgeber, hat auf dem Berg Sinai voller Nachdruck das Gebot »Du sollst nicht töten« als unabdingbaren moralischen Imperativ ausgesprochen. Lévinas, der wie seine Glaubensbrüder das Drama des Holocaust durchlitten hat, bietet eine einzigartige Deutung dieses fundamentalen Gebots des Dekalogs an: Für ihn offenbart sich die Person durch ihr Angesicht. Die Philosophie des Angesichts ist auch ein Thema des Alten Testamentes, der Psalmen und der Bücher der Propheten, wo oft von der »Suche nach dem Angesicht Gottes« gesprochen wird (vgl. zum Beispiel Ps 26[27],8). Durch das Angesicht spricht der Mensch, spricht vor allem jeder Mensch, der Unrecht erlitten hat. Er spricht und verkündet die Worte: »Du sollst mich nicht töten!« *Das menschliche Angesicht und das Gebot »Du sollst nicht töten!« werden in Lévinas auf geniale Weise eins, und zugleich werden sie zu einem Zeugnis unserer heutigen Zeit,* in der auch Parlamente, demokratisch gewählte Parlamente, leichthin Tötungen dekretieren.

Über ein so schmerzvolles Thema wie dieses ist es vielleicht besser, nicht noch mehr Worte zu verlieren.

Totus Tuus – ganz dein, Maria – ist der Wahlspruch Ihres Pontifikats. Eines der Hauptanliegen der Lehre und des Wirkens von Johannes Paul II. ist – im übrigen in getreuer Fortführung der nie unterbrochenen katholischen Tradition – die Erneuerung der Marientheologie und -verehrung.
Unter anderem hört man zunehmend auch von geheimnisvollen Erscheinungen und Botschaften der Jungfrau; wie in früheren Jahrhunderten machen sich ganze Pilgerscharen auf den Weg. Was können Sie hierzu sagen, Heiliger Vater?

Totus Tuus. Dieser Wahlspruch ist nicht nur ein Zeichen von Frömmigkeit und auch nicht einfach nur Ausdruck der Hingabe. Er besagt mehr. Die Hinwendung zu dieser Frömmigkeit hat sich in mir vollzogen, als ich während des Zweiten Weltkriegs in einer Fabrik arbeitete. Zunächst schien es mir, als müsse ich mich zugunsten der Christozentrik ein wenig von der Marienverehrung meiner Kindheit entfernen. Dank des hl. Ludwig Maria Grignion de Montfort *begriff ich jedoch, daß gerade die wahre Verehrung der Muttergottes christozentrisch und tief im Geheimnis der Dreieinigkeit Gottes* sowie in den Geheimnissen der Menschwerdung und der Erlösung *ver-*

wurzelt ist. So entdeckte ich mit einem neuen Bewußtsein die Marienfrömmigkeit wieder, und diese gereifte Form der Muttergottesverehrung ist mir geblieben: Ihre Früchte sind *»Redemptoris Mater«* und *»Mulieris dignitatem«*.

Was die Marienfrömmigkeit angeht, so müssen wir uns alle im klaren darüber sein, daß es sich hierbei nicht nur um ein Bedürfnis des Herzens, um eine sentimentale Neigung handelt, sondern daß sie der objektiven Wahrheit über die Muttergottes entspricht. Maria ist die »neue Eva«, die Gott dem neuen Christus-Adam gegenüberstellt: beginnend mit der Verkündigung, durch die Nacht der Geburt in Betlehem, die Hochzeit zu Kana in Galiläa, bis zum Kreuz auf Golgota und zum Pfingstereignis. Die Mutter Christi, des Erlösers, ist die Mutter der Kirche.

Das II. Vatikanische Konzil geht sowohl in der marianischen Lehre als auch in der Marienfrömmigkeit *sehr weit.* Obwohl es nötig wäre, können wir hier nicht das ganze wundervolle 8. Kapitel von *»Lumen gentium«* wiedergeben. Als ich am Konzil teilnahm, erkannte ich mich in diesem Kapitel vollkommen wieder, da ich hier alle meine vorhergehenden Erfahrungen wiederfand, bis zurück in die Jugendzeit und bis hin zu jenem besonderen Band, das mich in ständig neuen Formen mit der Muttergottes vereint.

Die erste und älteste Form geht zurück auf mein Innehalten vor dem Bild der »Madonna der Immerwährenden Hilfe« in der Pfarrkirche von Wadowice und steht in Verbindung mit der symbolträchtigen Tradition des Skapuliers der Karmeliten, mit der ich bereits in meiner Jugendzeit durch das Karmeliterkloster »auf dem Hügel« in meiner Geburtsstadt Bekanntschaft gemacht hatte. Diese Form meiner Marienverehrung entspringt außerdem der Wallfahrtstradition von

Kalwaria Zebrzydowska, einem jener Orte, die zahlreiche Pilger aus dem Süden Polens und aus Gebieten jenseits der Karpaten anziehen. Diese Wallfahrtsstätte hat als Besonderheit, nicht nur marianisch, sondern auch zutiefst christozentrisch zu sein. Die dort eintreffenden Pilger gehen während ihres Aufenthalts an der heiligen Stätte vor allem »die Wege« ab: Sie beten den Kreuzweg, auf dem der Mensch durch Maria seinen Platz neben Christus wiederfindet. Die Station der Kreuzigung befindet sich auf der höchstgelegenen Stelle des Hügels, der die gesamte Umgebung des Wallfahrtsortes beherrscht. Die feierliche Marienprozession findet vor dem Fest Mariä Himmelfahrt statt und ist Ausdruck des Glaubens des christlichen Volkes, daß die Muttergottes einen besonderen Anteil an der Auferstehung und der Verherrlichung ihres Sohnes hatte.

Seit meiner frühesten Kindheit war die Marienfrömmigkeit in mir stets an die christologische Dimension gebunden. Und diese Erziehung verdanke ich im wesentlichen der Wallfahrtsstätte von Kalwaria.

Ein eigenes Kapitel ist *Jasna Góra* mit seiner Ikone, der Schwarzen Madonna. Die Jungfrau von Jasna Góra wird seit Jahrhunderten als Königin Polens verehrt. Es ist die Wallfahrtsstätte der ganzen Nation. Bei ihrer Herrin und Königin sucht die polnische Nation seit jeher Hilfe und Kraft für die geistige Wiedergeburt. Jasna Góra ist ein Ort besonderer Evangelisierung. Die großen Ereignisse im Leben Polens sind stets auf irgendeine Weise mit ihm verbunden: Sowohl die frühe als auch die heutige Zeitgeschichte meiner Nation hat dort oben, auf dem Hügel von Jasna Góra, ihren wichtigsten Konzentrationspunkt.

Ich denke, daß das, was ich gesagt habe, die Marienfrömmigkeit des heutigen Papstes und vor allem auch seine völlige *Hingabe an Maria*, jenes *Totus Tuus*, hinreichend erklärt.

Im Apostolischen Schreiben mit dem bezeichnenden Titel »Mulieris dignitatem« (»Über die Würde der Frau«) haben Sie unter anderem gezeigt, daß die katholische Verehrung einer Frau, Marias, auch für die Probleme der Frau in der Welt von heute Bedeutung hat.

Im Sinne der vorhergehenden Beobachtungen möchte ich die Aufmerksamkeit noch einmal auf einen Aspekt des Marienkults lenken. Dieser Kult ist nicht nur eine Form der Hingabe oder Frömmigkeit, sondern auch eine Frage der grundsätzlichen *Einstellung: der Einstellung zur Frau als solcher.*

Wenn unser Jahrhundert der liberalen Gesellschaften durch einen wachsenden *Feminismus* gekennzeichnet ist, so ist anzunehmen, daß dies *eine Reaktion auf den mangelnden Respekt vor* der Frau ist. Alles, was ich über dieses Thema in *»Mulieris dignitatem«* geschrieben habe, trug ich seit meiner frühen Jugend, ja gewissermaßen seit der Kindheit in mir. Vielleicht war ich auch vom Klima der damaligen Zeit beeinflußt, die sich zu großer Achtung und Rücksichtnahme gegenüber der Frau, vor allem der Frau als Mutter, bekannte.

Ich denke, daß der *Feminismus von heute* genau hier: im Fehlen eines wahren Respekts für die Frau, seine Wurzeln hat. Die über die Frau geoffenbarte Wahrheit ist eine andere. Die Achtung für die Frau, das Staunen über das Geheimnis der Weiblichkeit und schließlich die ehegleiche Liebe Gottes sowie die in der Erlösung zum Ausdruck gekommene Liebe Christi gehören zum Glauben und zum Leben der Kirche. Sie haben auch nie völlig gefehlt, wie eine reiche Tradition an Sitten und Gebräuchen zeigt; erst heute werden sie auf besorgniserregende Weise vernachlässigt. In unserer Zivilisation ist die Frau vor allem Genußobjekt.

Sehr bezeichnend ist hingegen, daß in dieser Situation erneut eine authentische *Theologie der Frau* entsteht. Ihre geistige Schönheit, ihr ganz besonderer »Genius«, wird wiederentdeckt; die Grundlagen für die Festigung ihrer Stellung nicht nur im Familienleben, sondern auch im sozialen und kulturellen Leben werden neu definiert.
Und damit kehren wir zu Maria zurück. Ihre Gestalt und die zu vollem Leben entfaltete Verehrung für sie erweisen sich auf dem angezeigten Weg als große und schöpferische Inspiration.

DAMIT WIR UNS NICHT FÜRCHTEN

Sie haben daran erinnert, daß Sie Ihr Pontifikat nicht zufällig mit dem Ausruf »Fürchtet euch nicht!« begonnen haben, der bis heute in der Welt widerhallt.

Könnte eine der möglichen Auslegungen dieser Aufforderung nicht sein, daß viele Menschen bestärkt und dazu ermahnt werden müssen, sich vor Christus und seinem Evangelium nicht zu fürchten, weil sie in Wirklichkeit Angst davor haben, sich dem Evangelium Christi wieder zu nähern? Vielleicht aus Sorge, daß seine Forderungen ihr Leben womöglich eher erschweren würden; daß sie sich nicht als Befreiung, sondern als Belastung herausstellen könnten.

Als ich am 22. Oktober 1978 auf dem Petersplatz die Worte »Fürchtet euch nicht!« sprach, konnte ich mir unmöglich darüber im klaren sein, wohin sie mich und die Kirche tragen würden. Sie entsprangen nicht so sehr dem Menschen, der sie aussprach, als vielmehr dem Heiligen Geist, der den Aposteln von Jesus als Beistand verheißen worden war. Jedenfalls habe ich mich im Laufe der Jahre unter verschiedenen Umständen an sie erinnert.

Die Aufforderung »Fürchtet euch nicht!« muß in einer sehr weit gefaßten Dimension verstanden werden. In gewissem

Sinne war es *eine an alle Menschen gerichtete Ermunterung,* ein Aufruf, angesichts der gegenwärtigen Situation in der Welt – im Osten wie im Westen, im Norden wie im Süden – die Angst zu besiegen.

Fürchtet euch nicht vor dem, was ihr selbst geschaffen habt! Fürchtet euch auch nicht vor all dem, was der Mensch hervorgebracht hat und was eine mit jedem Tag zunehmende Gefahr für ihn darstellt! Und fürchtet euch zu guter Letzt auch nicht vor euch selbst!

Warum brauchen wir uns nicht zu fürchten? Weil Gott den Menschen erlöst hat. Als ich diese Worte auf dem Petersplatz aussprach, wußte ich bereits, daß die erste Enzyklika und das gesamte Pontifikat an die Wahrheit der Erlösung gebunden sein sollten. In ihr liegt die tiefste Bestätigung für jenes »Fürchtet euch nicht!«: »Denn Gott hat die Welt so sehr geliebt, daß er seinen einzigen Sohn hingab« (vgl. Joh 3,16). Dieser Sohn bleibt in der Geschichte der Menschheit als Erlöser. Die Erlösung durchdringt die gesamte Menschheitsgeschichte, auch die vor Christus, und bereitet ihre eschatologische Zukunft vor. Sie ist das Licht, »das in der Finsternis leuchtet und das die Finsternis nicht erfaßt hat« (vgl. Joh 1,5). *Die Kraft des Kreuzes Christi und seiner Auferstehung ist größer als alles Übel, vor dem der Mensch sich fürchten könnte und müßte.*

An diesem Punkt müssen wir nochmals auf das *Totus Tuus* zurückkommen. In Ihrer vorhergehenden Frage sprachen Sie von der Gottesmutter und den zahlreichen Privatoffenbarungen, die insbesondere in den letzten beiden Jahrhunderten stattgefunden haben. Meine Antwort bestand in der Erzählung, wie sich die Marienfrömmigkeit in meiner persönlichen Geschichte, ausgehend von meiner Geburtsstadt über die Wallfahrtsstätte Kalwaria bis hin zu Jasna Góra, entwickelt hat. *Jasna Góra ist im 18. Jahrhundert als eine Art von Christus durch seine Mutter verkündetes »Fürchtet euch nicht!« in die Geschichte meines Landes eingegangen.* Als ich am 22. Oktober 1978 das römische Erbe des Petrusamtes antrat, nahm ich insbesondere diese tief in mein Gedächtnis eingegrabene marianische Erfahrung aus meinem Heimatland Polen mit mir.

»Fürchtet euch nicht!« sagte Christus nach der Auferstehung zu den Aposteln (Lk 24,36) und zu den Frauen (Mt 28,10). Aus den Texten des Evangeliums geht nicht hervor, daß diese Aufforderung für die Muttergottes bestimmt war. Da sie stark war in ihrem Glauben, »fürchtete sie sich nicht«. *Die Art und Weise, wie Maria am Sieg Christi teilnimmt, habe ich vor allem in meiner Nation erfahren.* Aus dem Mund von Kardinal Stefan Wyszyński wußte ich, daß sein Vorgänger, Kardinal August Hlond, auf dem Sterbebett die bedeutsamen Worte gesprochen hatte: »Der Sieg wird, wenn er kommt, durch die Mittlerschaft Marias kommen.« Während meines Hirtendienstes in Polen war ich Zeuge der Art und Weise, in der diese Worte Wirklichkeit wurden.
Als ich mich mit der Wahl zum Papst den Problemen der Weltkirche gegenübersah, war auch ich davon überzeugt, daß sogar in dieser universalen Dimension der Sieg, wenn er denn kommen sollte, von Maria errungen werden würde. *Christus wird durch ihre Mittlerschaft siegen, denn er will, daß die Siege der Kirche in der heutigen und zukünftigen Welt mit ihr verbunden werden.*
Ich hatte also diese Überzeugung, obschon ich damals noch wenig von *Fatima* wußte. Ich spürte jedoch, daß zwischen La Salette, Lourdes und Fatima und – in ferner Vergangen-

heit – unserem polnischen Jasna Góra ein Zusammenhang bestand.

Da kam der *13. Mai 1981.* Als ich von der Kugel des Attentäters getroffen wurde, beachtete ich zunächst nicht, daß sich gerade an diesem Tag das Ereignis jährte, da Maria den drei Kindern aus Fatima in Portugal erschienen war und die Worte zu ihnen gesprochen hatte, die nun, am Ende des Jahrhunderts, in Erfüllung zu gehen scheinen.
Hat Christus mit diesem Ereignis nicht etwa noch einmal sein »Fürchtet euch nicht!« aussprechen wollen? Hat er damit nicht für den Papst, die Kirche und indirekt die ganze Menschheitsfamilie diese österlichen Worte wiederholt?

Vielleicht bedürfen wir der Worte des auferstandenen Christus gegen Ende des zweiten Jahrtausends *mehr denn je: »Fürchtet euch nicht!«* Der Mensch, der auch nach dem Niedergang des Kommunismus nicht aufgehört hat, sich zu fürchten, und in Wahrheit viele Gründe für diese Furcht hat, braucht diese Worte. Die Nationen, die nach dem Niedergang des kommunistischen Imperiums wiedererstanden sind, bedürfen dieser Worte, und auch die, die dieser Erfahrung von außen her beigewohnt haben. Die Völker und Nationen der ganzen Welt brauchen sie. *In ihrem Bewußtsein muß die Gewißheit wieder stark werden, daß es jemanden gibt, der das Los dieser vergänglichen Welt in der Hand hält; jemand, der »die Schlüssel zum Tod und zur Unterwelt hat«* (vgl. Offb 1,18); *jemand, der das Alpha und das Omega* (vgl. Offb 22,13) sowohl der individuellen als auch der kollektiven Menschheitsgeschichte ist. Und dieser Jemand ist die Liebe (vgl. 1 Joh 4,8 und 16): die menschgewordene Liebe, die gekreuzigte und auferstandene Liebe; die Liebe,

233

die ohne Unterlaß unter den Menschen gegenwärtig ist. Er ist die eucharistische Liebe, die unablässige Quelle der Gemeinschaft. Nur er kann die volle Garantie für die Worte übernehmen: »Fürchtet euch nicht!«

Sie können beobachten, wie der heutige Mensch nur mit Mühe zum Glauben zurückkehrt, weil ihn die moralischen Ansprüche dieses Glaubens abschrecken. Dies entspricht bis zu einem gewissen Grad der Wahrheit. *Das Evangelium ist zweifellos anspruchsvoll.* Es ist bekannt, daß Christus seinen Jüngern und denen, die ihm zuhörten, nichts vortäuschte. Er bereitete sie ganz im Gegenteil nachdrücklich auf alle möglichen inneren und äußeren Schwierigkeiten vor, wobei er sich stets dessen bewußt war, daß sie sich dazu entscheiden konnten, ihn zu verlassen. Wenn er daher sagt: »Fürchtet euch nicht!«, so sagt er dies gewiß nicht, um auf irgendeine Weise das, was er fordert, zu widerrufen. Er bestätigt mit diesen Worten hingegen die ganze Wahrheit des Evangeliums und alle in ihm enthaltenen Forderungen. Zugleich offenbart er jedoch, daß *das, was er selbst fordert, die Möglichkeiten des Menschen nicht übersteigt.* Wenn der Mensch das in der Haltung des Glaubens annimmt, findet er in der Gnade, an der Gott es nicht fehlen läßt, die nötige Kraft, sich darauf – auf die Forderungen des Evangeliums – einzulassen. Die Welt ist voller Beweise für die heilbringende, erlösende Kraft, die vom Evangelium Jesu verkündet wird, und zwar nachdrücklicher, als dies in Sachen Moral geschieht. Wie viele Menschen bezeugen in ihrem täglichen Leben, daß die Moral des Evangeliums praktiziert werden kann! Die Erfahrung zeigt, daß ein beglückendes menschliches Leben nur so sein kann wie das ihre.

*Annehmen, was das Evangelium fordert, heißt: das ganze
eigene Menschsein bejahen, in ihm die von Gott gewollte
Schönheit sehen,* aber im Licht der Macht Gottes selber
auch seine Schwächen erkennen: »Was für Menschen unmöglich ist, ist für Gott möglich« (Lk 18,27).
Diese beiden Dimensionen dürfen nicht voneinander getrennt werden: auf der einen Seite die von Gott an den Menschen gestellten Forderungen der Moral; auf der anderen
Seite die Ansprüche der heilbringenden Liebe, das heißt die
Gabe der Gnade, zu der sich Gott gewissermaßen selbst verpflichtet hat. Was ist die Erlösung Christi, wenn nicht eben
das? Gott will das Heil des Menschen, er will die Vollendung der Menschheit in dem von ihm selbst bestimmten
Maß, und Christus hat das Recht zu sagen, daß sein Joch
sanft und seine Last letzten Endes leicht ist (vgl. Mt 11,30).
*Es ist sehr wichtig, die Schwelle der Hoffnung zu über-
schreiten,* nicht vor ihr stehenzubleiben, sich vielmehr *führen zu lassen.* Ich denke, daß sich hierauf auch die Worte des
großen polnischen Dichters Cyprian Norwid beziehen, der
den tiefsten Grundsatz christlicher Existenz so faßte:
»Nicht hinter sich selbst her mit dem Kreuz des Heilands,
sondern hinter dem Heiland mit dem eigenen Kreuz.«

Wir haben allen Grund, die Wahrheit über das Kreuz die
Frohe Botschaft zu nennen.

Müssen wir, Heiliger Vater, aus all dem, was Sie uns haben sagen wollen, nun folgern, daß es – für den heutigen Menschen mehr denn je – tatsächlich ungerechtfertigt ist, »sich zu fürchten« vor dem Gott Jesu Christi? Oder sind wir im Gegenteil verpflichtet, »in die Hoffnung einzutreten«, zu entdecken, daß wir einen Vater haben, und anzuerkennen, daß wir geliebt werden?

Der Psalmist sagt: »Die Furcht des Herrn ist der Anfang der Weisheit« (vgl. Ps 111,10). Gestatten Sie mir, daß ich bei der Beantwortung Ihrer letzten Frage von diesen Worten der Bibel ausgehe.

Die Heilige Schrift enthält eine ausdrückliche Aufforderung, sich vor Gott zu fürchten. Es geht hierbei um jene Furcht, die *eine Gabe des Heiligen Geistes* ist. Unter den von Jesaja aufgeführten sieben Gaben des Heiligen Geistes (vgl. 11,2) steht die Gottesfurcht an letzter Stelle, doch heißt dies nicht, daß sie weniger wichtig ist als die anderen, da ja gerade *die Furcht des Herrn der Anfang der Weisheit ist.* Die Weisheit aber steht unter den Gaben des Heiligen Geistes an erster Stelle. Deshalb muß allen Menschen, und vor allem den Menschen *der heutigen Zeit, Gottesfurcht gewünscht werden.*

Die Heilige Schrift lehrt uns auch, daß diese Furcht, die der Anfang der Weisheit ist, nichts mit der *Furcht eines Sklaven gemeinsam hat. Es ist eine kindliche Furcht,* keine unterwürfige Furcht! Das Hegelsche Herr/Knecht-Verhältnis ist dem Evangelium fremd. Es ist eher ein Ansatz, der typisch ist für eine Welt, in der Gott nicht vorkommt. In einer Welt, in der Gott wirklich präsent ist, in der Welt der göttlichen Weisheit, darf es nur die kindliche Furcht geben.

Der authentische und vollkommene Ausdruck einer solchen Furcht ist Christus. Er möchte, daß wir uns vor all dem fürchten, was eine Beleidigung Gottes ist. Er will dies, weil er auf die Welt gekommen ist, um den Menschen zur Freiheit zu befreien. Der Mensch ist frei durch die Liebe, weil die Liebe die bevorzugte Quelle des Guten ist. Nach den Worten des hl. Johannes *vertreibt* eine solche Liebe *jede Furcht* (vgl. 1 Joh 4,18). Jedes Anzeichen unterwürfiger Furcht angesichts der strengen Macht des Allmächtigen und Allgegenwärtigen schwindet; an deren Stelle tritt das Anliegen des Sohnes, daß in der Welt sein Wille geschehe: das Gute, das in ihm seinen Anfang hat und seine endgültige Erfüllung findet.

So verkörpern die Heiligen aller Zeiten auch die Menschwerdung der Sohnesliebe Christi, welche die Quelle der franziskanischen Liebe zu allen Geschöpfen und auch der Liebe durch die heilspendende Kraft des Kreuzes ist, das der Welt das Gleichgewicht zwischen Gut und Böse zurückgibt.

Wird der heutige Mensch tatsächlich von einer solchen kindlichen Gottesfurcht bewegt, von der Furcht, die zuallererst Liebe ist? Man könnte meinen, und hierzu fehlt es nicht an Beweisen, daß das Hegelsche Beispiel vom Herrn und Knecht im Bewußtsein des heutigen Menschen gegenwärti-

ger ist als die Weisheit, deren Anfang die kindliche Gottesfurcht ist. Aus dem Paradigma Hegels entsteht die Philosophie der Anmaßung. Die einzige Kraft, die ein wirkungsvol-
les Gegengewicht zu dieser Philosophie schaffen kann, liegt
im Evangelium Christi, in dem sich das Verhältnis Herr/
Knecht radikal in das Verhältnis *Vater/Sohn* umkehrt.

*Das Verhältnis Vater/Sohn währt ewig. Es ist älter als die
Menschheitsgeschichte.* Der in ihm enthaltene »Glanz der
Vaterschaft« ist Teil des dreieinigen Geheimnisses Gottes,
das von ihm auf den Menschen und seine Geschichte aus-
strahlt.
Dennoch trifft, wie wir aus der Offenbarung wissen, dieser
»Glanz der Vaterschaft« im dunklen und doch wahren Geschehen der Ursünde auf einen ersten Widerstand. *Dies ist
fürwahr der Schlüssel zur Deutung der Wirklichkeit.* Die
Ursünde ist nicht nur die Verletzung eines positiven göttlichen Willens, sondern vor allem auch die Verletzung des
Beweggrundes ebendieses Willens. Sie will die Vaterschaft
abschaffen, indem sie den Glanz zerstört, der die geschaffene Welt durchdringt; sie versucht dies, indem sie die Wahrheit, die die Liebe ist, in Frage stellt und nur noch das Bewußtsein Herr/Knecht hinterläßt. Damit aber scheint der
Herr stolz auf seine Macht über die Welt und den Menschen
zu sein; als Folge davon fühlt sich der Mensch zum Kampf
gegen Gott herausgefordert. Nicht anders als in jedem geschichtlichen Zeitalter sieht sich der versklavte Mensch
dazu gedrängt, sich gegen den Herrn zu stellen, der ihn in
Sklaverei hält.

Nach dem, was ich gesagt habe, könnte ich meine Antwort
in folgendem Paradoxon zusammenfassen: *Um den heuti-*

238

gen Menschen von der Furcht vor sich selbst, vor der Welt, den anderen Menschen, den irdischen Mächten, vor Unterdrückung – kurzum: um ihn von allen Anzeichen einer unterwürfigen Furcht hinsichtlich jener »vorherrschenden Kraft«, die der Gläubige Gott nennt, zu befreien, *bleibt ihm nur von Herzen zu wünschen, daß er die wahre Gottesfurcht,* die der Anfang der Weisheit ist, *in seinem Herzen trägt und pflegt.*

Eine solche Gottesfurcht ist die *heilspendende Kraft des Evangeliums.* Sie ist schöpferische, niemals zerstörerische Furcht. Sie erzeugt Menschen, die sich von der Verantwortung, von der verantwortungsvollen Liebe leiten lassen. Sie erzeugt heilige Menschen, das heißt wahre Christen, denen letzten Endes die Zukunft der Welt gehört. André Malraux hatte gewiß recht, als er sagte, daß das 21. Jahrhundert entweder das Jahrhundert der Religion sein oder gar nicht sein werde.

Der Papst, der sein Pontifikat mit den Worten »Fürchtet euch nicht!« begonnen hat, bemüht sich, jener Aufforderung treu zu sein, und er ist immer bereit, dem Menschen, den Nationen und der Menschheit im Geiste dieser evangelischen Wahrheit zu dienen.

Geschichte

Als Band mit der Bestellnummer 64111 erschien:

Ein unentbehrlicher Begleiter für alle, die den
Weg der Jakobspilger nachvollziehen und mehr über
seine Kunst- und Kulturschätze wissen wollen.

Mit zahlreichen Abbildungen